BIBLIOTHÈQUE DU MUSÉE SOCIAL

LE
TRAVAIL HUMAIN

PAR

Pr JULES AMAR

DOCTEUR ÈS SCIENCES

Avec 20 gravures

PARIS

LIBRAIRIE PLON

PLON-NOURRIT et Cie, IMPRIMEURS-ÉDITEURS

8, RUE GARANCIÈRE - 6°

—

Tous droits réservés

LE TRAVAIL HUMAIN

LE TRAVAIL HUMAIN

PAR

Pr JULES AMAR

DOCTEUR ÈS SCIENCES

Avec 20 gravures

PARIS

LIBRAIRIE PLON

PLON-NOURRIT et Cie, IMPRIMEURS-ÉDITEURS

8, RUE GARANCIÈRE - 6e

Tous droits réservés

AVANT-PROPOS

Une des marques distinctives de notre temps sera, certainement, d'avoir été l'heureuse époque de l'Organisation du travail. *Celle-ci peut se définir :* la science de la meilleure production pour la moindre fatigue.

Comment le travail humain se prête-t-il à cette discipline? Par quels procédés, inconnus du passé, arrive-t-on à l'organiser, dans la variété prodigieuse de ses formes? Quels avantages en résultent pour la société?

Telles sont les questions auxquelles ce petit ouvrage a l'ambition de répondre.

Il le fait simplement, dans le sens de la vulgarisation qui ne veut rien sacrifier du fond. Mais le lecteur, que ce bref exposé aura l'honneur d'intéresser, saura de lui-même remonter aux sources (1). On a, d'ailleurs, introduit dans ce volume des parties nouvelles qui en font une œuvre originale, complémentaire des autres sur quelques points. L'hygiène sociale et la physiologie y répandent leur bienfaisante clarté.

(1) Consulter nos deux publications capitales : *le Moteur humain,* 2ᵉ édit. (1923), et *Organisation physiologique du travail* (1917), avec son *Supplément* (1920).

Paris, 15 mars 1923.

BIBLIOTHÈQUE DU MUSÉE SOCIAL

LE TRAVAIL HUMAIN

CHAPITRE PREMIER

TRAVAIL ET FATIGUE

I. **Définition du travail.** — Le *travail* est la source directe de toute richesse. La nature s'épuiserait et deviendrait stérile si l'effort de l'homme n'enfermait en elle une réserve, une provision d'énergie qu'elle lui restituera, accrue de tout ce qui a été capté dans l'atmosphère, le sol et les radiations de l'astre du jour.

Mais qu'est-ce que le travail *en soi?* Mécaniquement, c'est l'exercice d'une force pour surmonter une résistance. Il implique donc l'effort, le mouvement, la prédominance sur une force antagoniste. Ainsi, le *pelleteur* charge son outil d'une masse de terre ou de sable ; le *limeur* appuie sur le sien pour le faire mordre dans le métal, et le pousse en enlevant de la limaille ; le *meunier* écrase son blé entre des meules, tous emploient un *effort musculaire* qui se déplace contre la résistance à vaincre.

Il est clair que si le limeur presse sur son outil sans le déplacer, il ne fera aucun travail ; son effort sera inerte, telle une pierre qui pèserait sur la lime. D'autre part, le travail que dépense le meunier va en augmentant à mesure que le blé sera plus dur, de sorte qu'une même quantité de farine exigera une quantité de **travail** variable avec la dureté du blé, et reviendra plus cher. Elle sera différente aussi avec la qualité, les dimensions, la disposition des meules, autrement dit avec *l'outillage*.

Que conclure de cette définition du travail? C'est qu'il n'a pas pour expression rigoureuse la quantité d'ouvrage livrée ; il est et il demeure *le produit d'une force active en déplacement contre une résistance* (1).

2. Travail des muscles. Fatigue. — Dans notre exemple du limeur qui appuie son outil, sans le mouvoir, ou, plus utilement, dans le cas d'un gardien, ou *surveillant*, qui se tiennent *debout* plusieurs heures, l'effort musculaire est improductif. La première de ces personnes n'enlève point de limaille, les deux autres ne se transportent pas. Le déplacement de la force, condition du travail, est donc absent.

Au sens mécanique du mot, *le travail est alors nul*.

Et pourtant, l'ouvrier comme le surveillant ne sauraient longtemps demeurer debout ; la *fatigue*, cette propriété spéciale aux animaux, finit par les gagner. On peut dire, généralement, que les *muscles en contraction se fatiguent*, soit qu'ils soutiennent un effort sans déplacement, soit qu'ils l'exercent suivant un certain parcours.

Chez l'homme, nous aurons donc une *fatigue statique* et une *fatigue dynamique* totalisées, quels que soient ses actes ou professionnels ou sportifs.

Le lourd athlète contracte des muscles massifs pour développer des efforts considérables qui immobilisent son adversaire, ou maintiennent des haltères de 200 kilogrammes, ou comme Vasseur, tout récemment, pour soutenir un manège de 671 kilogrammes durant cinq secondes avec la tête et les épaules.

---

(1) Aussi les anciens mécaniciens appelaient-ils le travail : *quantité d'action.*

De telles prouesses sont très souvent d'ordre statique et n'ont aucunement la *valeur sociale* des exercices de l'ouvrier, voire du simple manœuvre.

La fatigue, par conséquent, se lie étroitement à l'acte musculaire ; elle en est l'expression intégrale, tandis que e *travail utile*, ou l'ouvrage effectué, n'en sont qu'une fraction ; celle-ci reçoit le nom de *rendement musculaire*.

_ Et de même qu'un mauvais outillage abaisse ce rendement, à cause du grand *travail inutile* (marche à vide, frottements, raideur des cables et courroies, chocs) ; de même, un exercice indiscipliné s'accompagne de contractions statiques nombreuses et dépourvues d'effet ; il entraîne un surcroît de fatigue préjudiciable à la santé, comme au bien-être de la collectivité (1).

3. Mesure du travail. — Nous voici conduit à évaluer parallèlement le travail et la fatigue.

Le premier est rarement mesurable avec certitude, précisément par suite des efforts perdus. Lorsqu'un terrassier actionne un *treuil à manivelle* pour extraire de la pierre ou du sable du fond d'un puits, on voit bien son travail utile ; à chaque opération, il déplace le poids de la *benne*, environ 100 kilogrammes, sur toute la longueur du puits, que nous supposerons profond de 10 mètres. Le produit $100 \times 10 = 1\,000$ se traduit en *kilogrammètres* de travail, dont la signification est évidente. On sait que le *cheval-vapeur* (HP) équivaut à 75 kilogrammètres.

Mais ce terrassier agit sur la manivelle, fixée à l'extrémité d'un bras de levier plus ou moins long suivant les treuils ; il courbe et redresse son buste, il surmonte les frottements des tourillons et la raideur des cordes. Tous ces travaux échappent à nos évaluations, quelque fatigue

(1) On peut voir, dans *le Moteur humain* (livre II, p. 119-185), tout ce qui concerne l'architecture du corps, squelette, muscles, nerfs, et leurs adaptations les plus curieuses.

qu'ils engendrent ; il faut savoir les distingu er du rendement vrai.

En étudiant la *manœuvre de la lime* (1911), si pénible chez les mécaniciens-ajusteurs, je décompose les efforts obliques des bras F et F' (fig. 1) d'après la *loi du parallélogramme*. Les forces horizontales H et H' exécutent le travail utile, déplacent l'outil ; si elles représentent ensemble 10 kilogrammes et si le parcours de la lime est de 0 m. 30, le produit sera de 3 kilogrammètres à chaque coup de lime. Toutefois, les forces verticales V et V' n'entrent pas dans ce calcul, malgré leur rôle

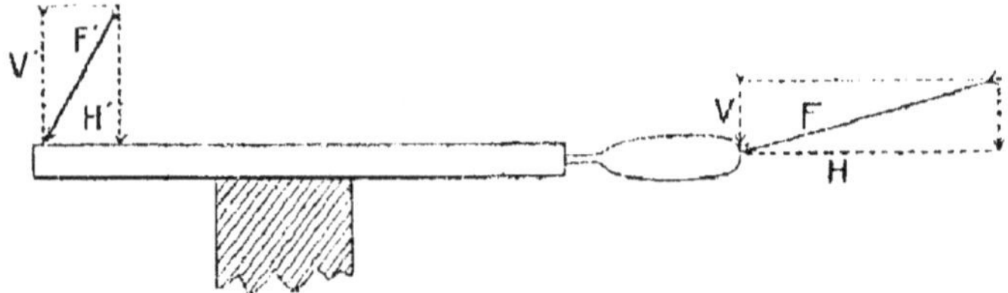

FIG. 1. — Les efforts obliques des bras F et F' se décomposent en forces verticales de pression V et V', et en forces horizontales de travail H et H'.

nécessaire pour alourdir et faire mordre l'outil sur le bloc de métal. Soustraites à cette évaluation, puisque l'ouvrage effectué, ou le poids de limaille, n'est proportionnel qu'au travail des forces horizontales, elles se retrouvent, néanmoins, dans la fatigue de l'ouvrier.

Ainsi le physiologiste ne doit négliger aucune des forces musculaires manifestées dans une opération manuelle. Utiles ou inutiles à cette opération, elles constituent une *dépense* dont l'organisme fait inévitablement les frais.

4. **Mesure de la fatigue.** — C'est pourquoi la mesure du *degré de fatigue* est la préoccupation constante des ingénieurs, depuis le maréchal Vauban, le meilleur officier du grand roi et le plus noble cœur que la France

ait connu et méconnu, avant Lavoisier. De procédés scientifiques pour évaluer la fatigue, il n'en existe qu'un, et nous le devons justement à Lavoisier. Ce génial chimiste s'imposa la tâche de déceler, dans les fonctions de la vie, celle qui a les plus étroites relations avec la production de force. Il s'assura que c'est la *fonction respiratoire*. Le volume *d'oxygène* consommé dans les phénomènes intimes de la respiration, et utilisé par le sang et les cellules qu'il nourrit, augmente ou diminue lorsque la quantité d'un même travail augmente ou diminue à son tour (1). Il se règle sur elle fidèlement.

En vérifiant cette loi, principalement après Chauveau, j'ai pu établir aussi que la consommation d'oxygène est, pour un travail bien déterminé, *variable* sensiblement ; elle est faible quand on est adroit, ménager de ses forces, habitué aux mouvements et aux instruments que l'on utilise ; elle s'accroît si l'on prodigue ses efforts, ou se livre à une occupation nouvelle. Enfin, des *perturbations* se montrent dans les échanges respiratoires quand on dépasse certaines limites de fatigue, limites que nous percevons dans la *sensation* venue des muscles par les filaments nerveux qui les commandent.

Pratiquement, l'évaluation de la fatigue, d'après la respiration, n'offre pas de difficulté. L'atmosphère qui nous entoure apporte aux poumons 21 *pour* 100 d'oxygène en volume, le reste (79 pour 100) étant de l'azote. Si, dans l'air expiré, recueilli dans un *compteur* (voir plus loin pl. I) pour être mesuré et analysé, nous trouvons seulement 15 pour 100 d'oxygène, la différence, 6 *pour* 100, aura été employée par les muscles en frais de travail.

Rien de plus commode, par conséquent, que de déduire, du volume d'air total lu sur le compteur, la quantité

---

(1) La découverte du gaz oxygène et l'assimilation du phénomène respiratoire à un phénomène de *combustion*, analogue à la flamme qui brûle une bougie, sont un titre de gloire essentiel de Lavoisier (*Mémoires* de 1777 et 1789. Voir *Œuvres complètes*, t. II, p. 318 et 688, édition officielle).

d'oxygène utilisée vraiment dans l'accomplissement d'un exercice quelconque. *Cette quantité d'oxygène sera le prix du travail effectué; elle sera*, non moins, *la mesure de la fatigue.*

Qu'avons-nous fait, en somme, sinon assimiler le *moteur humain* aux *moteurs thermiques* de l'industrie? Ici, au travail correspond une consommation de charbon, de combustible ; là, une absorption d'oxygène. En réalité, le phénomène est le même ; il revient à une *combustion*, laquelle combine le combustible et l'oxygène en développant de la chaleur.

Or, la chimie démontre que ces trois quantités, combustible, oxygène, chaleur, sont proportionnelles et se peuvent remplacer. Dans le cas de l'être humain, nous avons choisi l'oxygène parce qu'il se laisse mesurer correctement et révèle d'étonnante façon l'état de l'organisme.

D'ailleurs, aucune incertitude ne peut subsister à l'égard de ce choix. Pendant vingt ans, l'Institut Carnegie, multipliant les expériences sur l'homme, a conclu chaque fois que :

La dépense d'énergie humaine est la même qu'on l'évalue d'après l'oxygène respiré ou d'après les aliments brûlés.

5. Généralisation de la notion de fatigue. Le corps et l'esprit. — Ce que les expériences américaines ont également prouvé, et qui, avec Hirn, de Colmar (1855), Chauveau (1894-1899), Rubner, de Berlin (1885-1900), Amar (1906-1920), est sûrement acquis aujourd'hui, c'est *la valeur en calories du litre d'oxygène.*

Car, ayant mesuré dans un *calorimètre spécial* (qui coûta plus d'un million de francs à Carnegie) la quantité de calories rayonnées par un homme, et, simultanément, le nombre de litres d'oxygène qu'il a brûlé, on trouve *par litre* 4,90 *calories* (1).

---

(1) La *calorie* est la quantité de chaleur nécessaire pour élever d'un degré la température d'un litre d'eau.

Un exemple courant précisera cette donnée. Au repos, nous respirons seize fois par minute en moyenne et introduisons dans nos poumons 450 litres d'air à l'heure. A l'expiration, on trouve que 4 pour 100 ou le 1/25 a été fixé comme oxygène par les tissus organiques, soit 18 litres. La consommation de ce gaz en vingt-quatre heures atteint donc : $18 \times 24 = 432$ litres. A raison de 4,90 calories par litre, on aura : $432 \times 4,90 = 2\,117$ *calories*.

C'est l'énergie qui traverse le corps humain chaque jour et à *l'état de repos;* elle est notre dépense d'entretien.

Mais, pour peu qu'un travail physique vienne solliciter la contraction des muscles, la dépense d'énergie s'élèvera progressivement, l'alimentation et la respiration devront s'accroître en proportion. L'homme ou la femme, qui effectuent des travaux de force, ont besoin de *rations alimentaires* plus riches ; ils doivent manger davantage ; ce sont des moteurs marchant, quelquefois, à pleine charge. Faute de combustible alimentaire suffisant, les muscles se détruisent et s'atrophient et leurs fibres perdent toute élasticité.

Chose curieuse, l'expérience a, d'autre **part,** appris que le pur *travail intellectuel,* l'activité mentale, augmente très faiblement notre consommation d'oxygène, de 4 à 5 pour 1 000 à peu près.

Peut-être cela est-il dû au repos des muscles croissant avec le progrès de l'attention et de la réflexion ; ce qui est économisé sur les organes du mouvement viendrait compenser, en partie, les oxydations de l'organe de la pensée, du cerveau. Peut-être aussi faut-il admettre que l'énergie mentale tire son origine d'opérations cellulaires où l'oxygène intervient sporadiquement.

Les recherches directes sur *cerveau isolé* montrent une consommation de ce gaz beaucoup plus considérable, et la cellule nerveuse subit une destruction dans ses éléments phosphorés et son noyau.

En définitive, la doctrine des combustions vitales, exprimant par leur intensité la somme de travail et le degré de fatigue, acquiert un *caractère de généralité,* que Lavoisier, le premier, sut exprimer en termes inoubliables ; les voici :

« Ce genre d'observations conduit à comparer des emplois de forces entre lesquelles il semblerait n'exister aucun rapport. On peut connaître, par exemple, à combien de livres en poids répondent les efforts d'un homme qui récite un discours, d'un musicien qui joue d'un instrument. On pourrait même évaluer ce qu'il y a de mécanique dans le travail du philosophe qui réfléchit, de l'homme de lettres qui écrit, du musicien qui compose. Ces effets, considérés comme purement moraux, ont quelque chose de physique et de matériel qui permet, sous ce rapport, de les comparer avec ceux que fait l'homme de peine. »

Nous ajouterons, pour préciser, avoir établi que par exemple la *déclamation* du « Rire », de Sully Prudhomme, coûte autant d'oxygène que l'ascension de 100 mètres en montagne (1), car ici le travail mental se superpose à l'activité des muscles phonateurs.

6. Cycle ergométrique Amar. Étude de la vitesse. — Quand on se propose de rechercher les effets du travail sur la fatigue, on peut adopter un genre d'exercices physiques où il soit aisé de mesurer l'effort des muscles et le parcours de cette force active.

Notre *cycle ergométrique* (pl. I) répond à ce but ; il y en a différentes imitations, beaucoup moins simples souvent et moins correctes.

Il se compose d'une bicyclette dont la roue arrière seule a été conservée et alourdie pour, étant parfaitement équilibrée, servir de volant (V). La jante de ce volant présente une gorge où passe un ruban d'acier. Celui-ci

(1) Le *Moteur humain,* p. 648-652.

s'attache à un dynamomètre D, et à son autre bout il porte un plateau P où, avec des poids convenables, on exerce une tension sur le ruban ; il en résulte contre la jante un frottement qui fait frein au mouvement.

L'action des jambes sur les pédales ou des bras sur la manivelle (L) du cycle correspond à une force de frotte-ment qu'on peut lire sur le dynamomètre.

Le parcours est donné en mètres par la circonférence du volant multipliée par le nombre de tours.

Cet appareil n'a pas seulement une importance spor-tive ou professionnelle (cas des livreurs). Seul, il permet, sans difficulté ni cause d'erreur, de faire varier et d'étu-dier tantôt *l'effort*, tantôt la *vitesse*, tout demeurant uni-forme et régulier.

Or, la vitesse, facteur de l'industrie moderne et de plusieurs sports athlétiques, est la principale circons-tance du *surmenage*. Sa manifestation ordinaire est *l'essoufflement*, lequel tient à ce que la respiration ne peut suivre le rythme des mouvements musculaires, pour éliminer le *gaz carbonique*, déchet de la combustion vitale et déchet toxique.

L'étude de la vitesse se fait en amenant à coïncider, avec les battements d'un métronome (M), les tic tac du volant contre un petit ressort fixé à la fourche.

Quant à la fatigue, on en relève toutes les données au moyen de notre *échantillonneur respiratoire*. L'air expiré se rend d'une petite *soupape buccale* (S) au comp-teur (C) qui en accusera le volume total.

Mais le côté remarquable de ce jeu de soupape est que, en branchant un mince tube de caoutchouc (*t*) sur l'air respiré et reliant ce tube à un tambour inscrivant, ce dernier fournira le tracé fidèle des inspirations et des expirations. Ces courbes sont les *tonogrammes;* les creux correspondent aux inspirations, les pleins aux expira-tions (voir plus loin fig. 5). *Aucune vitesse ne devra presser les respirations à plus de 40 par minute.* Tout cet agencement ne rebute, en vérité, personne. Un infirmier, une surveillante, sont à même de posséder rapidement la technique et de ne point s'y égarer ; le port de la soupape n'offre aucune gêne ; il est, d'ailleurs, possible de la maintenir par un demi-cercle métallique adapté à la tête, et, pour que tout l'air expiré aille uniquement au compteur, on fermera le nez, au moment de l'expérience, grâce à une petite pince en bois dont les mors sont feutrés.

On peut travailler, marcher, courir, l'échantillonneur suit le sujet et enregistre les tonogrammes et mesure la *ventilation* des poumons.

7. Éducation des mouvements. Loi du minimum. — Plus que pour étudier la *locomotion*, le *cyclisme*, ou l'effet de la vitesse, l'*ergomètre* précédent nous a servi à *éduquer* et *entraîner* les mouvements chez les enfants ou à exercer les muscles paresseux. Car le travail humain est mieux qu'une chose intéressée, c'est une vertu ; il ne répond pas au seul besoin de gagner sa vie, il entretient les sources mêmes de la santé, en les purifiant par un sang plus souvent renouvelé et enrichi d'oxygène.

Un cycle ergométrique, pour l'usage domestique, soumet l'appareil musculaire et les fonctions qui en sont inséparables : circulation et respiration, à un entraînement gradué sur les forces individuelles ; jamais elles ne sont excédées. La ventilation pulmonaire s'accroît peu à peu, comme le constate le compteur.

Une telle discipline écarte les accidents auxquels exposent, malheureusement, tant de *spécialités mécanothérapiques*, souvent mal conçues au point de vue de l'effort, et désavantageuses parce que, n'employant pas le mouvement de rotation, si souple et si régulier, elles n'évitent pas les *chocs*. Sur la fibre des muscles ou des nerfs, les chocs sont dangereux. Loin que les muscles se fortifient, ils dépérissent.

Je ne me suis attardé à faire valoir la supériorité du

PLANCHE I. — Cycle ergométrique Amar avec l'échantillonneur
respiratoire (l'appareil est en marche).

PLANCHE II. — Lime dynamographique Amar. (Enregistrement des efforts et des respirations.
Un chronographe donne le temps en fractions de seconde.)

PLANCHE III. — Apprenti limeur dans la bonne
et la mauvaise attitude pour travailler.

(USINE OU) ÉCOLE DE : *Versailles*

Adresse : *Versailles* Ville de *Versailles*

Téléphone :
Inter. 2.40

FICHE D'APTITUDE

Le *4 Mars* 1920.

N° *65*

ETAT CIVIL	APTITUDES PHYSIQUES	APTITUDES PSYCHO-PHYSIOL	APTITUDES PROFESSIONNELLES
Nom : *Durand*	Poids : (P) : *59 Kg. 250*	Instruction générale : *Certificat d'études primaires*	Instruction technique : *aime à manipuler*
Prénoms : *Jean-Marie-Pierre*	Taille : *Debout (T) 150cm Assis (A) 79m 80*	Etat des sens : *Bonne acuité visuelle, auditive et tactile*	Qualités manœuvrières : *Adroit de ses mains*
Age : *14 ans et 7 mois*	Coefficient thoracique : *A/T = 0,532 Bon*	Equation personnelle : *Un peu lente*	Dispositions à observer : *Surveiller l'ordre de ses occupations*
Situation militaire : *Néant*	Coefficient morphologique : *P/T = 395 gr.*	Attention : *Normale*	
Originaire : *de Paris*	Endurance : *Bonne*	Vocation : *Médecin (comme le père*	Rendement journalier : *Fait tous ses devoirs*
Adresse : *Rue des Réservoirs*	Entraînement : *Moyen*	Goûts : *Ingénieur chimiste*	Observations générales. *Excellent élève qu'il faut pousser dans la carrière de chimiste.*
Profession antérieure : *Aucune*			
Dernier patron : *parents*	Etat physiologique : *Indice respiratoire excellent. 5,70*	Caractère : *Docile et très correct.*	
Personnes à sa charge : *Néant*	*Cœur et poumons normaux.*		Signé, le Directeur X......

PLANCHE IV

cycle que pour montrer la nécessité de *discipliner les mouvements de l'homme*. L'ordre et l'harmonie gouvernent l'univers tout entier, et nous n'avons jamais apprécié leur utilité dans les actes de chaque jour, dans notre *éducation générale*. Deux employés ou ouvriers, pédalant successivement, celui-ci mettra cinq secondes à régler ses coups de pédale sur les battements du métronome, celui-là 25 secondes. Le premier est rapide et a un système nerveux éduqué ; le second est lent, et incapable de réaliser à temps des gestes bien coordonnés.

Il ne m'est jamais arrivé de voir cette conclusion démentie par les enquêtes au bureau, à l'usine ou dans la famille. L'éducation, entendue de la sorte, a une tout autre efficacité que l'empirisme des sports, leurs excès et leur mauvaise adaptation.

L'art de travailler, ou de jouer, ou de penser, obéit donc à des lois d'ordre et d'épargne. Les idées ou les mouvements se développent harmonieusement, dans l'espace et le temps, et sont dépourvus de lourdeur, d'inégalité, de gaspillage. « La nature, proclamait Newton, ne fait que de la géométrie. » J'observe, en effet, qu'elle suit ce que j'appellerai la *loi du minimum*. Le squelette est formé de tubes *creux*, qui présentent la moindre masse pour une certaine résistance ; les muscles possèdent beaucoup de fibres contractiles sous le plus petit volume possible ; le système nerveux porte ses excitations dans les voies déjà suivies et devenues praticables, réalisant ses buts dans un minimum de temps ; d'où l'*automatisme*, qui a un rôle économique, le progrès, en un mot, des actes musculaires et des pensées elles-mêmes (voir aussi le § 14).

8. **Appareils dynamographiques.** — Mais, dans les travaux ouvriers, il fallait préciser la valeur des efforts déployés et les régler en prenant modèle sur des sujets choisis, servant en quelque sorte d'*étalons de mesure*. A cet effet, je me suis longtemps occupé de faire tracer aux outils eux-

mêmes, automatiquement, les efforts de l'homme qui travaille, écrit, dactylographie, pianote, marche, court, danse, joue d'un instrument à corde ou d'une arme.

Non seulement les forces musculaires actives s'inscrivent dans ma méthode, avec toutes leurs nuances de formes, intensité ou rythme ; mais leurs *irrégularités* deviennent visibles au même titre que les hauts et bas

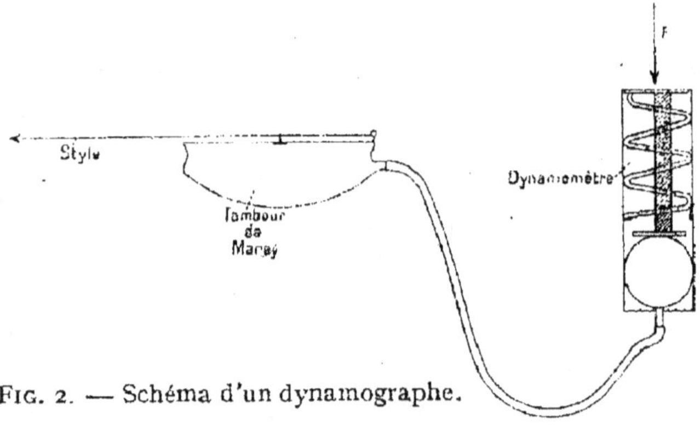

Fig. 2. — Schéma d'un dynamographe.

d'un tracé barométrique. Ce genre d'enregistrement a une importance extrême ; il analyse et il enseigne simplement, mais supérieurement. L'exemple de notre *lime dynamographique,* aujourd'hui fort en usage, définira cette technique nouvelle. En principe, de petites ampoules en caoutchouc sont placées aux points convenables de l'outil, ceux qui subissent la pression de ressorts dynamométriques déformés par les muscles à étudier (fig. 2).

L'air de ces ampoules est chassé dans la mesure même de cette pression musculaire et va soulever la membrane des tambours inscripteurs (modèle de Marey). Tout se passe comme s'il s'agissait d'une télégraphie des mouvements, où l'outil sert de manipulateur et les tambours de récepteurs.

En se reportant au schéma de la figure 1, on se rendra compte que la lime doit donner la pression des deux bras sur l'étau, soit le total de **V** et **V'** (pl. II) ; puis la poussée d'un bras sur le **manche** (H), enfin la poussée de l'autre bras (H'), ainsi que sa pression propre (V') à l'extrémité de l'outil.

Le tracé de ces efforts est recueilli sur un cylindre enregistreur (C) tournant à vitesse convenable. Et, parallèlement, la soupape fournit les courbes respiratoires ou *tonogrammes*, tandis qu'un chronographe (R) inscrit le temps en fractions de secondes.

De cette façon, travail et fatigue sont enregistrés en regard l'un de l'autre, et se peuvent évaluer avec la plus grande rigueur. Bien mieux, la mesure de l'oxygène consommé nous dira le *prix réel du gramme de limaille* enlevée par telle ou telle personne, dans certaines conditions de santé, d'instruction, de milieu, etc. On traduira facilement en calories ce prix en oxygène.

Que l'on imagine, maintenant, la diversité de l'outillage industriel ou sportif, et l'on comprendra pourquoi, dans chaque circonstance, il a fallu dégager les opérations ou actions musculaires dominantes avant de combiner leur enregistrement. Varlope, marteau, pelle, pédale de différentes machines, *trottoir dynamographique* où se révèlent toutes les phases de la marche, de la course, du saut, du ramper, je ne mentionne que les appareils dont j'ai déjà fait un long et fructueux emploi pour organiser le travail humain.

9. **Avantages de la méthode graphique. L'apprentissage.** — Un double avantage résulte de cette méthode graphique. Elle permet de comparer entre elles les façons de travailler et de déceler les sources de fatigue et de gaspillage : mauvais *apprentissage*, défaut physique, maladie, impotence, incapacité due à l'âge ou au sexe.

Elle précise ainsi l'évolution de l'instruction technique, la supériorité d'un instructeur sur un autre, et en général les étapes de l'éducation professionnelle.

Des outils défectueux, une installation qui gêne les mouvements et déprécie l'homme, ont une infaillible répercussion sur les graphiques.

De même, si, par maladresse ou faiblesse des membres, on répartit inégalement les efforts, si on accuse des changements de vitesse, ou précipite la cadence des gestes

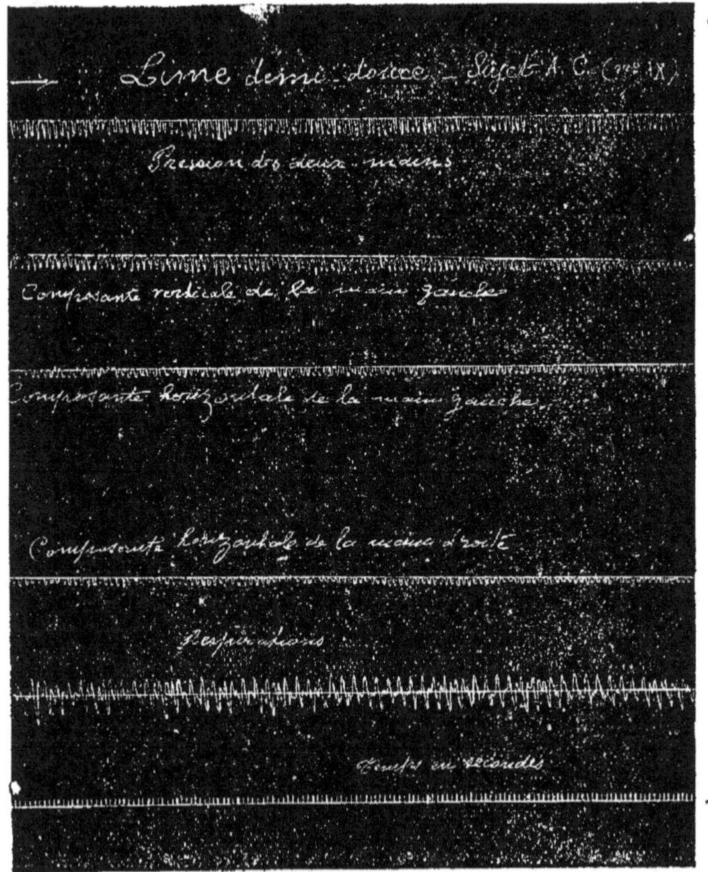

FIG. 3. — Graphique des efforts et des respirations d'un ouvrier limeur adulte.

jusqu'à l'essoufflement, les tracés musculaires et respiratoires indiqueront l'origine de ces anomalies.

Aucun progrès, ni mécanique, ni hygiénique, n'est possible sans cette analyse des mouvements, pour les sélectionner, adapter, discipliner dans le sens du meilleur effet.

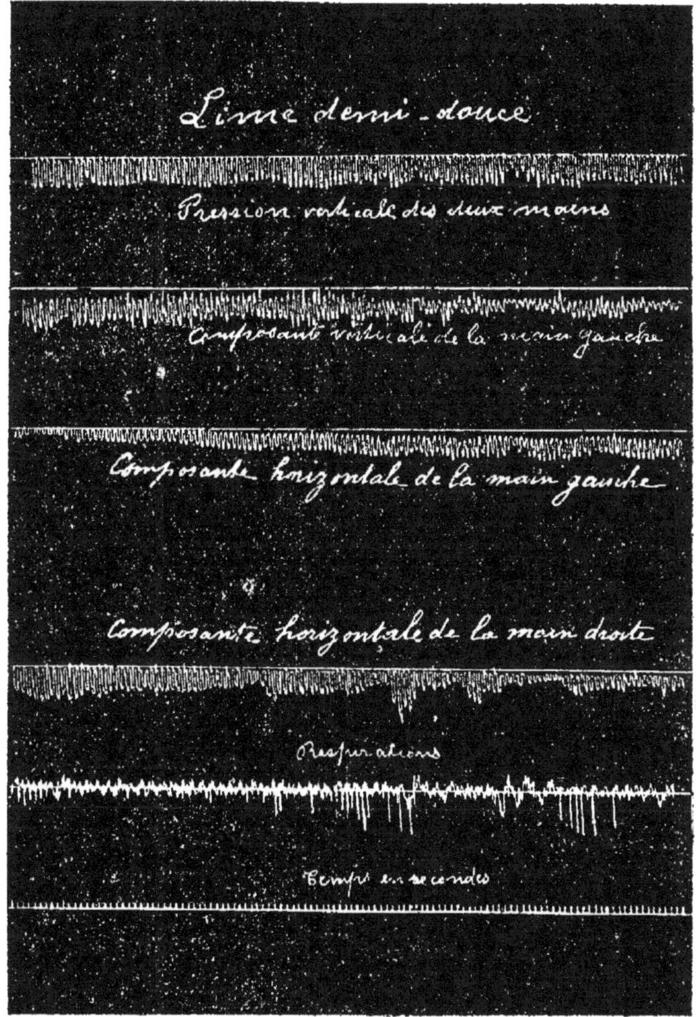

FIG. 4. — Graphique du travail d'un apprenti limeur.

On a représenté, sur les figures 3 et 4, le graphique d'un bon ouvrier limeur, et celui d'un apprenti de treize ans n'ayant que quelques mois d'apprentissage. Le premier a un travail et une respiration d'une parfaite régularité, le second se dépense abusivement, rapidement, et ne produit que peu de limaille : 50 pour 100 en moyenne du taux ouvrier. Par contre, sa fatigue est grande et les respirations très accidentées ; deux minutes de travail à peine et l'essoufflement, annonciateur du surmenage, apparaît. Un tel graphique reflète la réalité physiologique elle-même, c'est-à-dire le *désordre des forces* qui use trop vite les travailleurs et conduit aux rendements médiocres. Sa valeur éducative ressort de ce fait *qu'un apprenti se forme en six mois* lorsqu'il est guidé par cette science des mouvements, dont il *voit les leçons*. Car il s'intéresse passionnément à cette méthode impartiale, dont le silence a, pour de jeunes et indisciplinés cerveaux, l'éloquence rarement reconnue aux contremaîtres.

La vertu d'un enseignement scientifique de ce genre est souveraine ; d'autant plus que l'enfant, malgré son travail plus productif, se sentira moins fatigué que d'habitude ; il verra son expérience s'enrichir et son ambition — cette ambition dont il ne faut jamais décourager la jeunesse — proclamée légitime par l'employeur.

Nous n'insisterons pas, dans ce bref aperçu, sur les résultats déjà obtenus dans les diverses professions, et ne signalerons que le rôle du *cinématographe* au point de vue de la connaissance des arts et métiers et des travaux manuels. Le film que je publiai, en 1916, montrait un apprenti limeur, comparativement dans la bonne et la mauvaise attitude ; celle-ci rappelant la pratique des ateliers ordinaires, celle-là une *pratique organisée* d'après les analyses dynamographiques et l'examen des capacités (pl. III).

L'usage de ces films, que je me proposais d'établir pour plusieurs métiers, mérite de se répandre dans les écoles, et, durant les récréations, dans les usines.

10. **Facteurs physiologiques du travail. L'alimentation.** — Bien des circonstances, d'ailleurs, favorisent ou entravent le travail. Ainsi, la *vision des myopes* oblige ceux-ci à se pencher sur l'ouvrage et trouble leur respiration, abaissant de 15 à 20 pour 100 la ventilation pulmonaire.

Il faut absolument corriger la vue, par l'emploi de lunettes qui se posent d'une manière stable. Un apprenti, qui avait suivi les procédés du laboratoire, ne s'avisat-il pas un jour de vouloir donner des conseils à un vieil ouvrier de la maison parce qu'il le trouvait trop penché sur son établi et en proie à des étouffements. L'homme écouta en souriant, mais suivit le conseil et n'eut qu'à s'en féliciter.

Les personnes de *petite taille* seront haussées au niveau convenable des machines ; les *gauchers* auront à leur gauche les instruments qu'on place généralement à droite.

Et puis il y a la *température* des salles. Dans une pièce surchauffée, la contraction musculaire perd de sa vigueur, es organes fixent moins d'oxygène et la pensée s'anémie. Dans une atmosphère très froide, au contraire, les mouvements sont rendus lents et imprécis. L'effet de ces températures extrêmes est de diminuer la production de 25 à 30 pour 100 et d'en altérer la qualité. En haute montagne, le rendement tombe de moitié et au moins autant sous un climat chaud et humide.

On adoptera donc 15°,50 pour les ateliers, 17 à 18 degrés dans les bureaux.

Le *défaut d'éclairage*, l'*humidité*, le *vent* et les *poussières* conduisent à des considérations qui occupent plusieurs chapitres du *Moteur humain*, auquel je renvoie.

Mais arrêtons-nous, un instant, sur l'influence de *l'alimentation* chez l'homme.

11. — La machine vivante n'utilise pas n'importe quel

combustible, *l'aliment* ne lui est pas indifférent sous le rapport de sa nature, de sa qualité.

L'expérience a démontré que l'organisme humain exige *un gramme* d'aliments azotés ou *albuminoïdes* (œufs, viande dégraissée, fromage) par kilogramme de poids du corps, soit 65 grammes par jour, en moyenne, dans le cas des adultes. C'est l'équivalent de 350 grammes de viande fraîche ; mais il est préférable de recourir aux albumines végétales (haricots, lentilles, pain, pâtes, etc.), et en partie aux œufs.

Les *corps gras* n'ont pas besoin d'être en quantité notable, sauf durant l'hiver ou dans les régions froides ; le *beurre*, l'*huile d'olives*, certaines graisses à l'état bien frais sont à employer.

Quant aux *hydrates de carbone* (sucres, pommes de terre, bananes, féculents), il en faut davantage. De nombreuses observations m'ont permis, dès 1912, de fixer « le minimum hydrocarboné » à 225 grammes par jour environ chez l'adulte, soit 3,50 grammes par kilogramme de poids du sujet.

En réalité, nous dépassons largement ce taux, d'autant plus que nos occupations sont plus actives et plus onéreuses aux muscles. Les *hydrates de carbone sont*, en effet, *des aliments de travail sains et économiques*.

Ils sont nécessaires à l'athlète et à l'ouvrier ; ils doivent, après la *période de croissance*, prédominer sur les deux autres espèces alimentaires. A l'encontre des viandes, ils ne se décomposent pas dans les cellules en *sous-produits toxiques*, qui affecteraient l'économie si le *foie* n'agissait pour les neutraliser. L'abus en albumines est le danger dont souffrent les gens à vie sédentaire et les « gourmets », ces candidats choisis de la goutte et de l'arthritisme.

Aux *enfants* on donnera 2 grammes d'albumines par kilogramme de poids et un peu de beurre ; ce sont des facteurs indispensables de leur croissance. Ils favorisent, d'autre part, l'*organisme féminin* jusqu'aux approches de la cinquantaine.

Mais les *intellectuels* réduiront au chiffre le plus bas (o gr. 70 par kilogramme) leur consommation albuminoïde, en faisant l'appoint avec les hydrates de carbone (compotes, pâtisseries, bananes).

12. La ration alimentaire se règle sur la dépense de travail et la température extérieure, comme sur le poids de la personne. Le tableau ci-dessous résume les données quantitatives et qualitatives concernant notre alimentation.

Tableau des rations alimentaires.

(Nombre de calories par kilogramme de poids du corps et en vingt-quatre heures. En hiver, augmenter ces rations du *quart*.)

« I° *Travaux intellectuels et travaux légers* (écrivains, gens de bureaux ou de laboratoires, membres de l'enseignement, ecclésiastiques, bijoutiers, tailleurs, couturières, etc.) :

« 30 *calories* (de préférence pâtes, légumes frais, lait, poissons délicats, pâtisseries), dont le *dixième* en albumines ; -

« 2° *Travaux moyens* (ouvriers d'art, boutiquiers, coiffeurs, teinturiers, cheminots, employés de magasins, domestiques, etc.) :

« 36 *calories* (mêmes observations que ci-dessus, et usage modéré de pain, très modéré de viandes : 75 grammes par jour, légumes secs) ;

« 3° *Travaux de fatigue* (soldats, marins, hommes de peine, ouvriers de port, mécaniciens, manœuvres, terrassiers, cultivateurs) :

« 50 *à* 70 *calories,* suivant la quantité de travail (mêmes observations que ci-dessus et usage de pain, pommes de terre, fruits tels que pruneaux, figues, châtaignes, raisins frais ou secs et pas plus de 200 grammes de viandes) (1). »

Ces notions importent beaucoup à tout homme et à toute femme qui ont souci de leur santé et de leur valeur sociale ; elles ne sont pas moins nécessaires à ceux qui ont la charge de milliers d'êtres humains (armée, marine, pensionnats, entreprises industrielles). Des stocks peuvent être constitués des denrées de facile conservation : légumes secs, figues, *bananes sèches*, etc. (2).

13. **Effets et nature de la fatigue.** — Le vrai problème de l'organisation du travail humain consiste à préserver les tissus vivants des toxines alimentaires et des effets de la fatigue. Or, quels sont ces effets? Un examen très approfondi de la contraction des muscles et de la vitesse de réponse de nos sens, des phénomènes nerveux, circulatoires et respiratoires, nous permet de dire que la fatigue retentit sur eux tous en même temps.

Fatigués, les sens ont un retard croissant pour répondre aux impressions qui les atteignent. Le *temps de réaction* est une valeur numérique mesurant cette fatigue sensorielle, plus aiguë évidemment chez l'écolier, le typographe, la téléphoniste. Toutefois, il n'exprime qu'un aspect de l'état général.

De même, les muscles ont une *puissance décroissante,* moins soutenue, comme on le reconnaît à la dernière étape d'une marche ou d'une ascension.

Voici un procédé commode que nous employons pour évaluer *l'endurance physique* et manifester cette chute de la puissance musculaire. Le candidat est placé entre deux haltères de 5 kilogrammes chacun, maintenus à la

(1) Tiré de *Organisation physiologique du travail*, p. 110.
(2) On a récemment signalé l'avantage de la banane sèche (le tiers en poids de la banane fraiche) sur les figues ; mais j'en ignore le goût (Voir *la Nature*, mai 1921, article de TRUELLE).

hauteur de ses mains par deux cordes verticales. Sur un signe, il saisit ces haltères et les porte à bras tendus latéralement, ne les laissant tomber que par épuisement de l'effort.

L'observateur a, par exemple, chronométré soixante-dix secondes de soutien d'un tel effort statique. Il fait recommencer une dizaine de fois l'épreuve à des intervalles de trente secondes. En totalisant les durées de l'effort statique, et multipliant par 10 kilogrammes, on aura la valeur de l'endurance, en moyenne 2 000 kilogrammes-secondes.

La marche décroissante des temps traduira l'allure de la fatigue, dont la courbe descend plus ou moins vite suivant la fatigue antérieure, les personnes, l'âge, l'occupation.

L'endurance n'est que de 1 200 à 1 000 chez les alcooliques, diabétiques, tuberculeux, gens affamés ou inanitiés (comme en *Russie soviétique* où le travail s'effondre de ce fait). Elle est très faible aussi en cas de *surmenage* physique ou moral, en ce sens que la courbe ne reprendra pas son expression soutenue après quelques minutes de repos.

Mais ce sont les appareils du sang et de la respiration qui accusent le mieux la fatigue. Ils ont un jeu solidaire ; où les poumons sont paresseux, malades, le cœur travaillera à force, afin que le sang repasse plus souvent dans les vaisseaux thoraciques et fasse, malgré tout, la provision d'oxygène que réclament les cellules. Le cœur en est parfois surmené ; il *s'hypertrophie* (cœur des athlètes) par cet excès d'activité dont s'accommodent mieux les poumons, parce que plus souples et d'une adaptation plus aisée. En effet, ils peuvent augmenter leur tirage en amplifiant les alvéoles et prolongeant l'inspiration ; ils retiennent, ce faisant, plus de gaz oxygène que dans les cas de respirations plus fréquentes. De cette solidarité cardio-pulmonaire résulte un coefficient d'intensité des oxydations, caractéristique de l'équi-

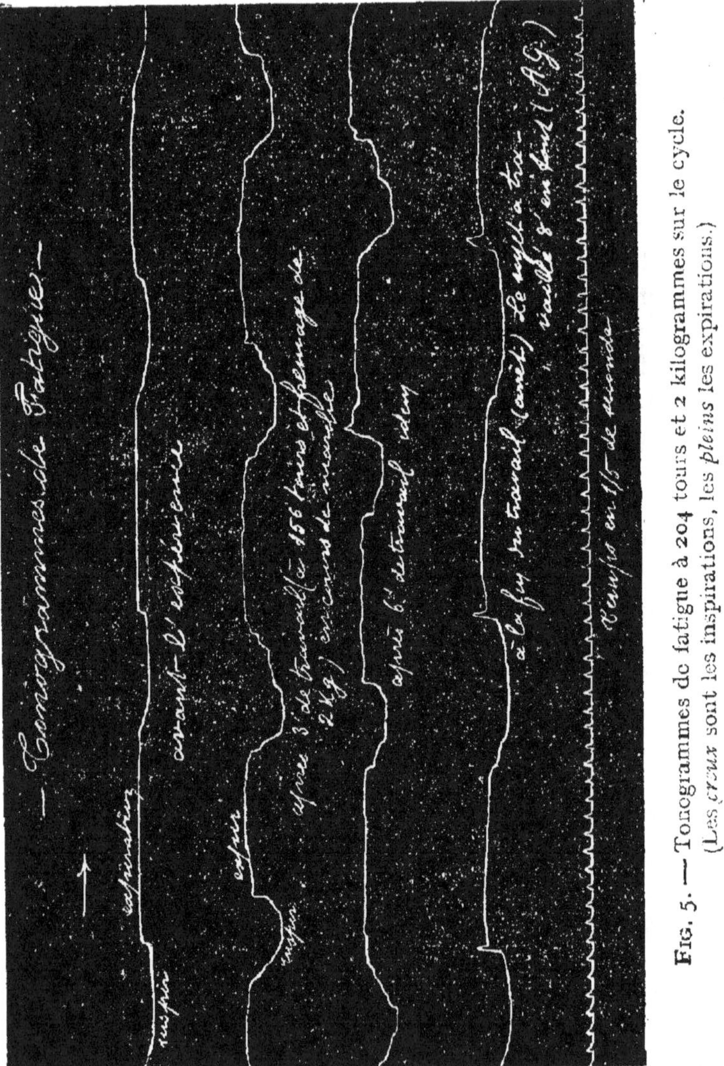

Fig. 5. — Tonogrammes de fatigue à 204 tours et 2 kilogrammes sur le cycle. (Les *creux* sont les inspirations, les *pleins* les expirations.)

libre vital. Je l'ai appelé *coefficient hématopnéique,* dénomination claire par elle-même. Toute anomalie de ce coefficient dénonce un état pathologique ou de surmenage, ce dernier constituant une intoxication des organes nerveux et musculaires (1).

Les tonogrammes s'amplifient donc, s'approfondissent au fur et à mesure du travail (voir § 6) ; mais ils demeurent semblables entre eux et réguliers (fig. 5), encore qu'il s'agisse d'un exercice de vitesse, de cyclisme par exemple.

Si la fatigue n'a point dépassé les bornes physiologiques, les tonogrammes redeviendront ce qu'ils étaient au début, à la condition d'observer *quatre minutes de repos*. Si, au contraire, on les a franchies pour atteindre au surmenage, le retour à l'état initial sera plus lent, les tonogrammes cesseront de s'approfondir et auront un aspect superficiel et précipité où se marque l'essoufflement.

Les courbes respiratoires sont donc, en qualité et en quantité, *le meilleur indice de fatigue. Pas plus de 40 par minute.*

Voilà, inscrite dans la plus essentielle des fonctions vitales, la preuve que le travail du corps ou de l'esprit a, dans l'oxygène respiré, sa source première d'énergie et de santé, source qui nettoie les tissus, les muscles et les nerfs spécialement, des toxines de l'activité continue et comburante des cellules. L'oxygène paraît bien être ce feu céleste, purificateur de la nature humaine, que Prométhée n'hésita point à dérober à Jupiter.

Charmante allégorie qui conviendrait aux plus récentes conquêtes de la physiologie, au tableau qui peindrait notre effort pour résoudre l'énigme de la vie !

(1) Consulter Jules AMAR, *l'Éducation respiratoire* (avec application à l'éducation physique), Paris, 1920.

CHAPITRE II

TRAVAIL MODERNE
ET ORIENTATION PROFESSIONNELLE

14. **I. Les lois scientifiques du travail.** — L'organisation du travail moderne est gouvernée, en définitive, par la *loi du minimum* ou de l'économie des forces (§ 7). Économie dans les dispositions de l'outillage et le choix des instruments, dans les gestes humains pour en tirer le plus de résultats utiles. Économie dans les opérations des muscles et du cerveau pour en écarter le surmenage, dans le travail du cœur et des poumons exposés à l'essoufflement d'où résulte l'anémie des organes, enfin dans les actions digestives auxquelles les *hydrates de carbone*, avons-nous vu (§ 11), épargneront les longues transformations chimiques et leurs sous-produits toxiques.

Nous dirons à ce sujet qu'un *repas très riche en hydrates de carbone*, féculents, fruits, permettrait de recommencer à travailler après une *demi-heure* de digestion seulement; tandis qu'un repas azoté (viandes) gênerait notre activité au moins pendant quatre-vingts minutes (1).

Au point de vue du travail physique, l'illustre physiologiste, mon maître Alfred Chauveau (1827-1917) fit de mémorables expériences dont je tire la loi fondamentale suivante : « Entre certaines limites, la *vitesse* de contrac-

(1) Jules Amar (Comptes rendus de l'Académie des sciences, 19 février 1912, p. 528).

tion des muscles est un facteur d'économie » (1904). Ce qui revient à dire qu'il est plus productif et plus hygiénique de *couper le travail* en plusieurs périodes d'action rapide, que de le poursuivre longtemps avec une puissance décroissante.

Plus tard, nous avons ajouté (1910) que : « Plus un travail s'effectue vite, plus vite aussi le muscle revient á son état initial de repos. » Encore faut-il savoir quelle vitesse observer et sur quelle période. Mais je ne puis donner ici tous les éléments de la question, exposés ailleurs, et je m'en tiendrai à l'énoncé des *lois générales du travail moderne :*

1º Le travail nécessite une dépense d'énergie supérieure à celle de l'effort immobile ou statique ; et cette dépense est plus élevée dans le cas d'une action motrice (par exemple une ascension d'escalier) que dans celui d'une action frénatrice (descente du même escalier) ;

2º On réalise une sérieuse économie d'énergie en travaillant vite et fractionnant les charges (dans le transport des fardeaux, par exemple), mais en prenant de courts et fréquents repos.

Ces deux lois sont de Chauveau ;

3º Dans un temps donné, on produirait un maximum de travail si la sensation de fatigue réglait elle-même l'effort des muscles. Cette loi est de **Fick**, physiologiste allemand ;

4º L'alimentation avec hydrates de carbone économise près de 5 pour 100 de notre énergie et facilite le travail ;

5º Enfin, la *loi du repos*, de Jules Amar, conduit au travail rapide et à des repos qui restaurent l'organisme. Elle permet d'assigner une durée strictement suffisante aux haltes de la journée active, le minimum étant *quatre minutes.*

L'application des cinq lois précédentes à l'organisation scientifique du travail est le devoir des sociétés civilisées, soucieuses de bien-être et d'hygiène.

15. Conséquences des lois scientifiques du travail. — Mais l'application de ces lois suppose la connaissance exacte des professions et des conditions qu'elles imposent. Il y faut l'analyse des différentes opérations manuelles ou intellectuelles et des précisions concernant l'effort, ou la vitesse, ou le temps nécessaires à chacune d'elles.

D'où cette première conséquence que le *rendement maximum* veut une relation entre la durée, l'effort et la vitesse du travail.

Mais tel de ces trois facteurs peut être irréalisable dans le cas de certaines personnes, parce que trop lentes, naturellement ou accidentellement, ou dans le cas des femmes et des enfants auxquels ne convient pas un effort musculaire intense.

On est alors forcé de *sélectionner* le personnel pour mieux l'adapter, individuellement, aux besognes de l'usine ou du bureau. Sélection qui mettra hommes et femmes *aux places que leur assignent leurs capacités*, sélection sans élimination et dépourvue de cette raideur cruelle que l'on a tant reprochée, dont j'ai moi-même fait grief au système de l'ingénieur américain Taylor (voir plus loin).

D'où cette seconde conséquence qu'il importe d'apprendre à déterminer les capacités individuelles, non point par les *méthodes psychologiques* pures sorties de l'école allemande de Wundt, mais, comme je vais le montrer, en ayant recours à la *physiologie expérimentale*. Celle-ci a bien sur ses frontières éloignées le domaine psychologique où il est difficile de s'aventurer sans se perdre dans une forêt obscure. Mais c'est à elle qu'il faut revenir toujours pour ne point s'égarer, en attendant que des clairières nous frayent la voie.

16. II. L'orientation professionnelle. — J'ai donné ce nom, il y a dix ans, à une méthode physiologique,

PLANCHE V. — Le psychographe Amar. On voit un candidat
à l'aviation appuyer le doigt sur le tambour et répondre
à un signal visuel.

PLANCHE VI. — Mouvement respiratoire profond.
Inspiration (1) (circumduction des bras). (2) Expiration.

toute expérimentale, pour *évaluer*, précisément, *les aptitudes humaines individuellement*. Elle n'entraîne pas, fatalement, la spécialisation ; elle ne fait que révéler les tendances profondes du corps et de l'esprit, et marquer la direction où ces dernières ont le plus de chance de se traduire par une supériorité réelle. Chez les adultes, elle montre d'emblée les qualités et forces disponibles, et permet de les appliquer au mieux du travail et de la santé. Dans une même profession, celui-ci rendra plus de service à commander des machines qu'à limer des pièces, et d'ajusteur il passera outilleur ; celui-là qui faisait la comptabilité d'une entreprise agricole, où ses poumons étouffaient entre les murs d'un bureau, ira diriger le personnel d'une ferme pour vivre de la vie au grand air.

Chez les enfants, les écoliers, il s'agit de préparer les talents en guidant et développant les aptitudes naissantes, en élaguant les formes inutiles ou fâcheuses de l'activité si débordante du jeune âge.

Augmenter le pouvoir productif de l'énergie, soit des muscles, soit du cerveau, lutter contre le gaspillage et le surmenage, c'est un besoin vital pour les *nations à faible natalité*. L'orientation professionnelle est un moyen de compenser le nombre et d'égaler les petits pays aux grands, la Belgique intense à la Russie immense. Elle donne aux peuples actifs la puissance que leur disputent des voisins plus nombreux. Elle permet enfin, aux personnes les plus humbles, de s'élever par un travail fécond vers les cimes de la prospérité.

17. Applications scolaires. Age de l'orientation. — Pour apprécier la vertu sociale de cette méthode, nous allons l'appliquer à la pédagogie, en cherchant *les bases du choix d'une carrière*, grande préoccupation des familles et des écoliers.

Si je borne mon sujet aux *applications scolaires*, c'est

pour deux raisons. L'une est que l'école me paraît plus indiquée que l'usine pour orienter la jeunesse ; elle est le berceau de la société laborieuse et intelligente que nous appelons de nos vœux.

La seconde raison est qu'il ne se passe pas de jour que l'on ne m'écrive pour savoir comment diagnostiquer les aptitudes de tel enfant, à quelle carrière le destiner, quels inconvénients aurait pour lui l'exercice d'une profession où ses parents voudraient l'engager.

Les *jeunes filles*, de plus en plus nombreuses dans nos combats économiques, sont, plus que les garçons, désireuses de mesurer leurs forces et leurs capacités professionnelles. La société moderne ne doit pas les admettre aux besognes de fatigue, ni leur imposer un milieu industriel débilitant qui frappe la race dans les futures mères. L'orientation remédie au désordre résultant de l'ignorance des facteurs physiologiques qui concernent l'un et l'autre sexes.

Au surplus, *l'âge de cette orientation est entre treize et quatorze ans*. En effet, l'évolution de l'être humain comprend deux périodes : une *période d'absorption* qui va jusqu'à vingt-cinq ans chez l'homme et vingt et un chez la femme ; puis une *période de restitution* qui s'étend jusqu'à soixante et cinquante ans respectivement.

Dans la première, on observe d'abord que la marche des dix années du début est lente ; c'est la *croissance* avec ses précautions organiques ; la vie est d'ordre végétatif. Mais le cerveau et ses annexes ont déjà fonctionné ; *l'éducation* s'en est emparé ; et l'instrument est, entre treize et quatorze ans, prêt pour absorber les leçons, les travailler en silence et les restituer, plus tard, en produits utiles ou admirables, dans les formes originales de l'action et de la pensée.

Orienter l'enfant, c'est lui indiquer les éléments de ce travail les plus susceptibles de le faire valoir. Le *hasard ou l'instinct* n'y suffiraient pas, non plus les théories psychologiques dont le caractère connu est d'être générales et incertaines; pas davantage les parents et les amis, quelque finesse qu'ils y apportent. Quant aux écoliers, ils sentent mal leurs aptitudes; le plus souvent, ils désirent curieusement ce qui frappe leur imagination galons de l'officier, brio de l'avocat, talent du chirurgien ou de l'ingénieur.

Il faut éviter ces tâtonnements. Anatole France (1) en a merveilleusement décrit tout le ridicule; car lui aussi s'était trouvé dans le cruel embarras d'avoir à *choisir*, au moment de la *bifurcation* des études, entre les sciences et les lettres. Après maintes consultations incohérentes, il fut réduit à s'adresser... à sa bonne, à Justine, laquelle s'écria : « C'est-il, Dieu, vrai que vous bifurquez?... Qu'est-ce que cela?... Interrogez donc mon frère Symphorien; il est fort dans les sciences, il a mérité le prix de catéchisme... »

De fait, on eût parlé de miracle, il y a seulement une quinzaine d'années, si quelqu'un s'était offert pour diagnostiquer avec certitude les capacités des jeunes gens.

Ce miracle, la science le réalise par la *fiche d'aptitudes*.

18. **La fiche d'aptitudes.** — La fiche d'aptitudes (pl. IV) est la base certaine de l'orientation scolaire. Cet écolier de treize ans réussira-t-il comme médecin, avocat, polytechnicien, chimiste, agronome ou architecte? Ou sera-t-il un bon contremaître, un conducteur des travaux publics? La fiche y répond et voici comment :

1º *État civil et social.* — Dans une première colonne verticale, on inscrit l'état civil de l'enfant, Jean-Marie Durand par exemple, né à Paris. On mentionne la *Société sportive* à laquelle il appartient si c'est le cas, ses parents ou tuteurs, les personnes à sa charge s'il y en a, la fortune ou l'indigence, mais tout cela discrètement.

(1) Anatole FRANCE, *la Vie en fleur*, Paris, 1922.

Ensuite, dans la salle du lycée ou de la mairie qui servira d'*office d'orientation*, on fera l'examen *purement expérimental* des capacités physiques, psychiques, professionnelles.

2° *Aptitudes physiques*. — Les capacités physiques ou organiques retiendront particulièrement l'attention. Les *coefficients* que j'ai qualifiés de *thoracique* et de *morphologique* se déduisent du poids total du corps et de la taille. La *toise*, dont on voit partout l'emploi, donnera la hauteur du buste également ou *taille assise*. En divisant celle-ci par la taille debout, on a un quotient égal à 0,53 en moyenne.

Cette valeur 0.53 désignera, d'ailleurs, les constitutions qui ne sont ni très vigoureuses, ni faibles. Au-dessous, on a la série des malingres, débiles et *prétuberculeux*. Au-dessus, c'est-à-dire à 0,54 et 0,55, l'organisme est nettement robuste ; on observe rarement des coefficients supérieurs.

Si, d'autre part, l'on divise le poids par la taille totale, on ne doit pas obtenir *moins de 360 grammes par centimètre*. Tout indice morphologique moindre ou plus élevé conduira au même classement et aux mêmes indications que l'indice thoracique. Ce sont là des facteurs anthropométriques de la plus haute importance. Je ne puis, malheureusement, dans un aperçu aussi rapide, en justifier l'emploi ; mais il est manifeste que le buste est le centre de la force motrice, et que le cœur et les poumons possèdent une toute autre influence sur l'organisme que la longueur des jambes. Du reste, une enquête portant sur des milliers de personnes m'a montré que les tailles dites *moyennes*, à buste développé, sont caractéristiques des sujets résistants.

19. Les qualités organiques désignées par *endurance, entraînement, état physiologique*, se laissent déterminer au moyen du cycle ergométrique.

L'enfant est, comme on l'a vu sur la planche I, placé sur le cycle, et respire à travers le compteur, fournissant le tracé régulier, au repos, de ses tonogrammes respiratoires. On lui demande d'inspirer profondément et d'expirer le plus complètement possible une seule fois. La lecture du compteur donnera ce que Hutchinson, en 1840, avait appelé la *capacité vitale*, soit 3 litres ou 300 centilitres dans le cas que nous considérons.

Nous désignons du nom *d'indice respiratoire* le quotient de la capacité vitale par le poids du corps. Supposant celui-ci de 60 kilogrammes, on aura un indice égal à $\dfrac{300}{60} = 5$.

Cinq est l'indice normal ; 5 centilitres d'air pulmonaire par kilogramme de masse corporelle, c'est le *tirage minimum* du foyer de la vie. Les chiffres supérieurs à 5 marquent la puissance ; le candidat ne restera pas sans souffle dans les « coups de collier ». Au contraire, les chiffres inférieurs trahissent un état prétuberculeux, améliorable par l'éducation physique et la gymnastique respiratoire. L'indice 4 et au-dessous signifient même l'état franchement *tuberculeux*, incompatible avec les professions un peu fatigantes.

Les tonogrammes confirment. Et ils servent à un autre point de vue, celui du *degré d'émotivité;* ce défaut est fréquent chez les écoliers, et plus encore chez les écolières ; il est général dans la première enfance.

Si, pendant que les tonogrammes s'enregistrent, on laisse tomber un poids de 2 kilogrammes à l'improviste, derrière le candidat, une *perturbation* affectera le tracé ; elle sera forte et prolongée dans le cas d'une jeune fille, brève dans celui d'un garçon ; même résultat en s'adressant aux adultes (fig. 6).

Un degré d'émotivité très marqué, plus de trois secondes, interdira les professions de magistrat, chirurgien, où le *sang-froid* est la qualité maîtresse. Il prouvera que la jeune personne est distraite, d'un système

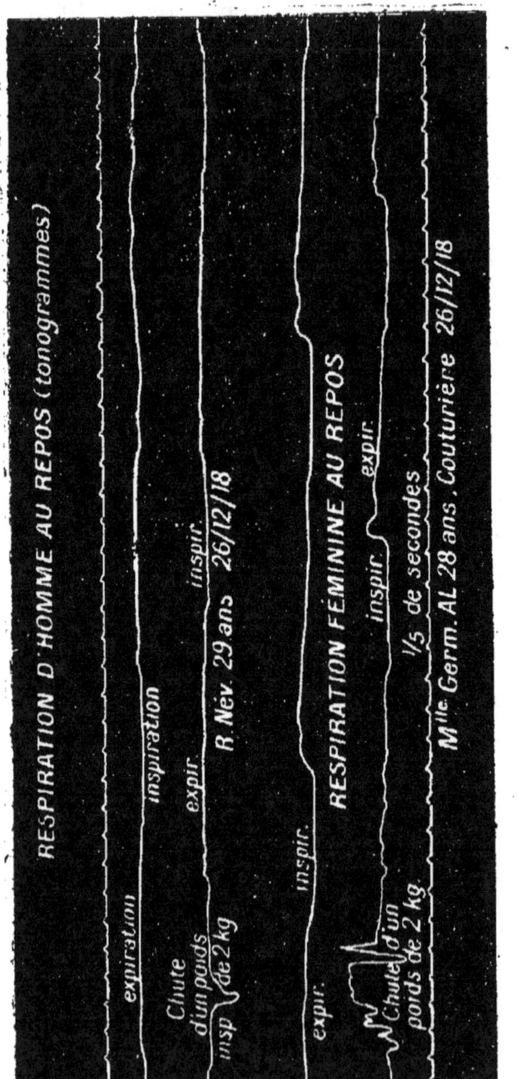

Fig. 6. — Troubles respiratoires provoqués par l'émotion chez l'homme et la femme.

nerveux exalté, appelant une discipline ou même un traitement appropriés.

L'*endurance physique* que, chez les athlètes et les manœuvres, nous déduisons de l'épreuve aux haltères (§ 13), est appréciée en général d'après l'*épreuve du cycle* : pédalage à 180 tours, avec 2 kilogrammes au frein, pendant trois minutes ; alors on obtient des tonogrammes d'amplitude croissante, mais réguliers. Toute anomalie de ce graphique parlera contre l'endurance. Le candidat ne conviendra pas aux professions sévères ; par exemple, il ne sera ni un explorateur, ni un colon résistants.

20. 3⁰ **Aptitudes psycho-physiologiques.** *Le psychographe.* — L'examen suivant, qualifié de psycho-physiologique pour les raisons données plus haut (§ 15), est une rigoureuse analyse des fonctions du *cerveau et des sens* : vision, audition, toucher. Notre *psychographe* est, depuis 1916, l'instrument de cette analyse. En peu de mots, nous dirons qu'il enregistre le *temps* qui s'écoule entre l'instant où l'on perçoit une impression visuelle, auditive, tactile, et l'instant où l'on réagit à cette impression.

Le candidat appuie du doigt sur un petit tambour à air (M ou M', pl. V), ce qui produit une encoche sur le cylindre enregistreur (C).

Or, le signal lumineux, ou sonore, ou tactile, est conçu de façon à tracer, automatiquement, une encoche initiale. Le temps à mesurer sera donc compris entre les deux traits marqués, celui du signal et celui de la réponse. Il est divisé en centièmes de seconde grâce aux vibrations d'un diapason électrique (D).

La source lumineuse (S) est une petite lampe électrique aussi, masquée par un obturateur de photographe (O) à diaphragme iris, ce qui permet de faire de l'instantané et de varier la grandeur de la surface éclairée, ou le temps de vision.

Pour produire le *son*, il est fait usage d'un marteau (T) tombant sur un timbre et actionnant un des tambours inscripteurs.

Sans autres détails, on se rend compte qu'il s'agit d'un dispositif aussi simple que précis, fonctionnant au premier déclanchement (1).

Résultats psychographiques. — De plusieurs milliers d'observations, il résulte que le *temps de réaction,* ou encore *l'équation personnelle,* est respectivement de :

0 sec. 21	0 sec. 16	et 0 sec. 15
pour la *vision,*	*l'audition*	et le *tact.*

Ces durées moyennes sont des bases pour le classement en candidats *rapides* ou *lents.*

Et comme il arrive que, pour obtenir ces valeurs normales, on soit parfois obligé d'augmenter la surface lumineuse ou l'intensité sonore, une graduation fournira *l'acuité visuelle* ou *l'acuité auditive* correspondantes.

On peut d'ailleurs se servir de *lumières colorées,* dont la vision importe aux ingénieurs-chimistes, officiers, architectes décorateurs, médecins expertisant les urines, pharmaciens, employés des matières colorantes, etc.

On connaît donc exactement *l'état des sens,* qui doit être parfait dans certains métiers ; la planche V montre un jeune aviateur soumis à l'expertise. Et que d'écoliers marquent le pas derrière des camarades moins doués intellectuellement, parce qu'ils sont victimes d'une vision ou d'une audition défectueuses ! Que de carrières entravées faute de cet examen préalable !

On a le devoir de corriger *myopie* ou *astigmatisme* (2) et d'exiger que les jeunes gens à sens diminués occupent les bancs les plus rapprochés du tableau, du maître,

____

(1) Voir, pour les détails, notre petit volume, *l'Orientation professionnelle et le travail féminin,* Paris, 1920.

(2) L'astigmatisme est une déformation optique de l'œil qui rend difficile la vue nette des *points.* J'avais reconnu la fréquence de ce vice de réfraction dans les pays méridionaux et cru pouvoir l'expliquer par un effet du soleil obligeant à un clignement répété (voir le *Journal de physiologie,* 1908). De toutes façons, il y a des précautions à observer dans le travail des gens originaires des régions tropicales.

enfin que ce dernier règle son débit oratoire sur la vitesse des réactions de la plupart de ses élèves.

21. Contrôle des fonctions cérébrales. — Le psychographe a plus vivement intéressé par le contrôle qu'il assure des fonctions du cerveau. En effet, le signal lumineux, par exemple, est à volonté *rouge* ou *bleu*, après interposition d'écrans colorés. Et le candidat trouve devant lui, pour enregistrer la pression de son doigt, deux tambours également rouge et bleu. Il devra donc *discerner* la couleur de la lumière qui se découvre, en garder la *mémoire* pour, ensuite, *choisir* la touche correspondante. Son équation personnelle en subira un retard, et nous aurons généralement 0 sec. 35 au lieu de 0 sec. 21. Par suite, *l'acte mental* considéré a pour durée 0 sec. 14. C'est ce que montrent les tracés obtenus ou *psychogrammes* (fig. 7) : comme dans le temps de réaction simple RR, on observe des variations de même sens et de même ordre dans la réaction délibérée DD, ou l'acte mental.

Les *retards excessifs* sont souvent dus à certaines maladies de l'enfance, telles que les *végétations adénoïdes :* bouche ouverte, respiration gênée, prononciation mauvaise des N, visage hébété, etc. Dès que ces végétations sont opérées, les menaces d'asphyxie prennent fin, les migraines, la fatigue cessent, et j'ai vu les psychogrammes redevenir absolument normaux au bout de cinq à six semaines.

D'autre part, ces graphiques manifestent nettement l'effet de la *fatigue,* celle du corps ou de l'esprit ; ils font apprécier la résistance de l'enfant au travail mathématique et sa puissance d'assimilation ou d'attention.

De même que les courbes de pression du doigt sont, comme les temps de réaction, lentes, paresseuses, ou rapides et ramassées ; de même la fatigue étale ou abrège les courbes, traduisant les différences de disposition des candidats aux professions intellectuelles sévères. En particulier, l'aspect volontaire, le temps court, sont des traits à retenir chez la *femme*, tropportée au laisser-aller

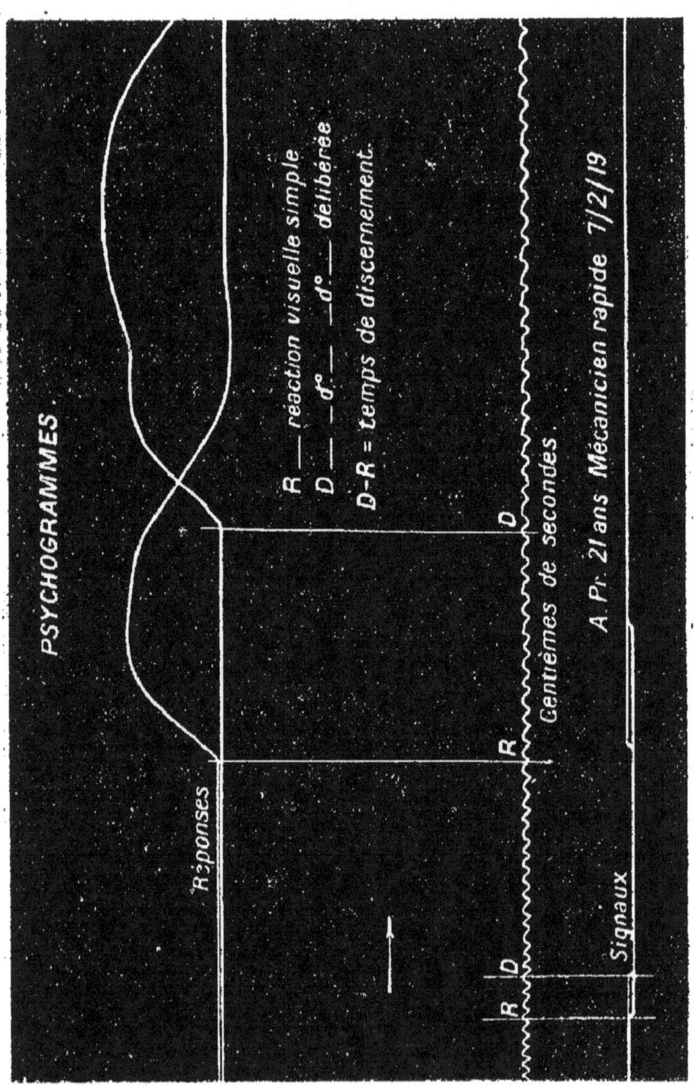

Fig. 7. — Psychogrammes visuels d'un jeune sportif mécanicien (sujet vite).

et au bavardage si fâcheux pour le bon travail des administrations.

Voilà remplies nos trois premières colonnes de la fiche d'aptitudes. On y aura mentionné la *vocation*, proclamée par les parents et admise sans réflexion par l'enfant, quand tout au contraire ce dernier a des *goûts*, résultant de l'ensemble de ses capacités, pour une autre profession.

22. 4º Aptitudes professionnelles. — La colonne 4 précisera ces goûts de l'écolier. On évaluera, notamment, ses aptitudes aux *exercices manuels*, en se servant de la *lime dynamographique* (p. 18). Le tracé montrera clairement les maladresses, défauts physiques, l'insuffisance de l'attention ou de la vision, de l'intelligence manœuvrière.

Le *tremblement nerveux*, auquel tant d'enfants sont sujets, se remarquera dans le zigzag du graphique. Une plus grande fermeté des mouvements s'acquiert par l'éducation et par un entraînement sportif convenable (voir plus loin).

Il faut souhaiter, à tous égards, je dirais même de préférence aux sports, que le *travail manuel* se développe dans les écoles. L'adresse supérieure, l'ingéniosité des enfants qui ont travaillé de leurs mains, ceux de la campagne comparés à ceux de la ville, s'expliquent par cette discipline des mouvements et l'existence à l'air libre. On en constate les avantages chez tous ceux qui, petits encore et infortunés, furent soumis au *préapprentissage* et ont fabriqué de menus objets, imaginé un dessin, une construction.

Une enquête sur les occupations de l'enfant ne manque jamais de confirmer les déductions de l'expérimentation. Elle apprend s'il aime manipuler, réunir des collections d'histoire naturelle, combiner des images et exercer ses muscles ou son esprit.

Les graphiques diront, plus exactement, s'il sera ingénieur habile, physicien exact, chirurgien rapide. On connaît, à cet égard, le mot de Franklin : « Le physicien doit savoir percer avec une scie et couper avec une vrille. »

Sur la fiche d'aptitudes, il y a d'autres indications, concernant plus spécialement les adultes, les ouvriers et apprentis d'usines. C'est, par exemple, les *dispositions à observer* dans le travail lorsqu'ils sont petits, ou gauchers, ou malades, tous éléments que l'on a considérés précédemment (§ 10).

Notons, enfin, que le *certificat d'études primaires* confère une sensible supériorité à l'ouvrier ; il faut donc exiger que *l'instruction soit obligatoire effectivement*. La compréhension des facteurs du travail, l'attraction pour le progrès, sont commandées par l'ouverture de l'esprit ; il n'y a pas à en exclure le paysan, car l'agriculture est aujourd'hui une science industrielle.

J'insiste même pour que, dans les *fermes-écoles* et les centres ruraux, toute la jeunesse soit examinée au point de vue de ses capacités et instruite de ce que la mécanique agricole a réalisé, de ce que la chimie des engrais a inventé au cours de ces vingt-cinq dernières années.

23. Valeur et application des fiches d'aptitudes. — L'ensemble des données de la fiche concourt à la *formule d'orientation* qui décidera du choix de la carrière. Ainsi le jeune Durand sera ingénieur chimiste.

Les constantes anthropométriques, définies de la sorte, conditionneront la vie tout entière ; elles se retrouveront chez l'adulte à moins d'un grave accident qui affaiblisse l'une des facultés organiques.

Mais il peut arriver qu'une carrière soit indiquée par l'examen des aptitudes, et interdite par la situation de famille, ou des raisons domestiques, ou, ce qui est le cas en général, la nécessité de gagner vite un argent qui manque aux parents. D'autres considérations peuvent également déconseiller une carrière où des dispositions heureuses inclinaient (traditions, préjugés religieux ou familiaux, etc.).

C'est pourquoi la fiche doit être communiquée aux parents par le proviseur ou le directeur de l'établissement. D'un commun accord, ils envisageront la solution la meilleure. S'il le fallait, des démarches seraient faites auprès des pouvoirs publics pour aider les écoliers indigents, mais dignes d'être *boursiers* de l'État ou de la ville. Des fiches de différentes professions, établies dans le cas de spécialistes éprouvés, serviraient *d'étalons de comparaison* pour les capacités individuelles.

Car la *fiche est personnelle*. Il peut arriver, en effet, qu'un candidat possède les qualités de finesse, jugement, attention que réclame la profession de juriste. Mais il a des poumons faibles, une insuffisance respiratoire sérieuse. On ne saurait donc lui recommander une vie enfermée d'études.

Cet autre, également pour des causes organiques (cœur ou poumons), ferait un déplorable officier.

L'absence du contrôle physiologique mettrait en péril l'avenir de l'enfant. Une enquête anglaise, se rapportant à 12 000 écoliers passés à l'industrie sans examen préalable, a montré que 80 pour 100 d'entre eux ont eu leur évolution physique et mentale retardée (1).

Vainement on prétendrait que, dans l'entourage des enfants, il se trouve des gens d'assez grande pénétration pour deviner les talents en germe. Ce sont là des accidents rares, auxquels la fiche d'aptitudes veut substituer des certitudes scientifiques et permanentes.

Aussi, est-ce avec joie que j'ai vu les nations les plus civilisées organiser des *centres d'orientation professionnelle*. J'ai moi-même installé ceux du Luxembourg (*Institut Emile Metz* de Dommeldange) en novembre 1919, guidé la marche des laboratoires de Naples, Rome (1919 et

(1) *Annual Report of the Chieff Med. off. of the Board Educatton*, London, 1920.

1922), des États-Unis, de Belgique, où mes appareils d'examen sont employés avec savoir et méthode.

Aux États-Unis, tout spécialement, les « conseillers de vocation » attirent les familles et triomphent des hésitations. Hommes et femmes, animés d'un admirable zèle, se pressent aux *Vocational Bureaux* pour y accueillir les demandes, diriger les jeunes gens vers les laboratoires d'analyse des capacités, recevoir et leur expliquer les fiches qu'ils détiennent.

Les parents sans fortune sont aidés pécuniairement pour leur enlever la tentation de détourner les écoliers d'une carrière qui leur est choisie.

L'Angleterre est, depuis peu, entrée dans cette voie. En Allemagne, l'*Institut Orga* de Berlin, l'Institut de *psychologie appliquée* sont chargés, à la date de novembre 1920, d'établir des fiches d'aptitudes tant pour les écoles que pour l'industrie. Ce n'est pas beaucoup que huit ou dix ans d'incubation pour voir naître ces œuvres sociales incomparables, bâties sur le terrain solide de la science. Et si je n'ai pas signalé la Suisse, avec son Institut Jean-Jacques Rousseau, antérieur à la campagne que j'ai inaugurée en 1913, c'est parce qu'on y fait exclusivement de la psychologie, dont le temps est heureusement passé.

En France, hélas! rien qui mérite une mention. L'*École de rééducation de Bordeaux*, organisée par un de mes élèves en octobre 1915, est devenue une *affaire;* et on l'a consacrée, sous une direction incapable, aux seuls blessés de guerre. L'*Office d'orientation* de Strasbourg, qui est de 1921, tourne également à l'entreprise commerciale. Si bien qu'à l'heure actuelle, ce qui rend service au monde entier, n'est que routine ou dérision sur le territoire de notre République. Il n'y a plus d'espoir que dans les initiatives privées, moins soucieuses de politique ou de réclame que de la gloire et de la pérennité de la race française.

24. III. **Le travail organisé.** — Le facteur humain, tel que le définit la fiche d'orientation, est la base du *travail organisé.*

Sans doute, la *machine* tend à remplacer, presque complètement, la force des muscles et à lui substituer une force beaucoup plus grande et inépuisable. Mais c'est une force *aveugle,* et sa substitution à l'autre concerne seulement les manœuvres trop pénibles dont les travaux modernes sont l'occasion, travaux néanmoins imposés par la civilisation, qui veut étendre ses bienfaits, ses richesses, au maximum d'êtres humains.

Mais, dans chaque métier, le cerveau et la main sont nécessaires ; physiquement, la main est un organe merveilleusement *adapté* pour l'adresse, la précision, l'habileté ; aucun mécanisme ne peut l'égaler, encore moins s'en passer ; elle doit guider, rectifier, coordonner ; sans elle, comme je l'ai dit, la machine est dépourvue d'utilité, parce que privée de l'agent qui règle son fonctionnement.

Il y a aussi les opérations de *transport des fardeaux,* de levage, qui exercent l'effort des bras sur les manivelles, des jambes sur les pédales et dont quelques-unes répugnent, par ce qu'elles ont de dur, de sévère, aux forces de la femme et de l'enfant.

Une inspection des ateliers, confiée à une personne compétente, mettra celui-ci et celle-là à l'abri du surmenage et des accidents du travail. D'où l'utilité de dresser un *tableau des efforts et aptitudes* que suppose chaque métier (voir, à ce sujet, le livre VI du *Moteur humain*).

A leur tour, les *qualités psychologiques,* la vitesse d'attention, la rapidité de l'équation personnelle, sont largement sollicitées par le machinisme. Il réclame du cerveau ce qu'il abandonne au muscle, et, par une loi de transformation naturelle, décharge ce dernier pour exiger davantage de l'effort de l'intelligence.

Raison de plus pour déterminer les capacités voulues par le travail des bureaux et combiner les périodes de repos et d'activité afin de ne jamais lasser l'attention, ni épuiser l'énergie physiologique impartie aux centres nerveux.

Le tableau des métiers est donc complémentaire des fiches d'aptitudes. Il permet, en outre, de distribuer rationnellement le travail et de le hâter. Le personnel sait ce qu'il peut et ce qu'il doit faire, chaque individu se trouvant à la place qui lui convient, et comprenant quel rôle est le sien dans l'action commune, quelle part lui revient dans l'ouvrage final.

Le propre de l'organisation est, au contraire de ce que l'on pourrait supposer, de stimuler l'intelligence et d'enrichir le savoir technique ; elle rend la personne humaine à la conscience totale de ses forces et de son importance sociale. Je tiens *qu'elle hausse son idéal*, parce qu'elle lui apprend à gouverner la matière selon des lois scientifiques, par le nombre et la mesure, l'ordre et la discipline, et à rechercher le bonheur dans le progrès de l'instruction.

C'est elle, enfin, qui entoure son existence matérielle et morale d'une atmosphère où il respire la joie de se sentir protégé, soutenu, garanti contre les risques du travail, les maladies, les charges trop lourdes de la famille. *L'hygiène sociale* enveloppe et assainit, de nos jours, la vie industrielle des nations.

25. Rendement et division du travail. — Cette organisation solidaire du machinisme et du personnel conduit aux grands *rendements*.

Que faut-il entendre par là ? *Le rendement est la somme des produits utiles fournie par une certaine dépense d'énergie.* Il est clair que plus cette dépense sera petite, plus le rendement sera considérable. Ceci revient à la définition, donnée plus haut (**§ 2**), que le travail maximum suppose, par unité, un minimum de fatigue. En d'autres termes, *l'organisation tend vers un maximum de production à fatigue égale.*

La loi des grands rendements est la *vitesse*, c'est-à-dire la puissance de l'outil (1). A l'homme ou à la machine, on demande de *débiter* le plus possible, sans dommage évidemment pour la qualité.

Or, l'accroissement de la production est dû à ce qu'on a appelé la *division du travail.* Elle est la loi des animaux supérieurs chez lesquels tout organe assure une fonction, et par elle coopère à l'activité solidaire de l'organisme en entier. Elle est aussi la loi de *l'industrie organisée*, laquelle répartit les tâches entre les membres du personnel, chacun se livrant toujours à des opérations invariables. Entre la *direction*, sorte de cerveau qui combine et répartit ces opérations après étude, et *l'exécution* par les employés et ouvriers, doit régner une coordination de tous les instants, sous peine de ralentir ou gaspiller la production. La coordination a pour effet également de lier tous les rouages, auxquels il sera difficile de décaler l'un sur l'autre et de rompre l'harmonie du travail, mais surtout de contrôler celui-ci.

L'économiste anglais Adam Smith (1723-1790) formula le premier le principe de la « division du travail ». Et, chose curieuse, c'est plus tard, en 1850, que le zoologiste français Henri Milne-Edwards le donna comme la *loi du perfectionnement* du monde animé. La cellule, qui effectue constamment le même labeur, fabrique le sucre dans le foie, ou transporte l'oxygène à travers le sang, ou secrète un suc digestif déterminé, finit à la longue par s'adapter à sa fonction, la réalisant de façon parfaite et économique.

L'homme ou la femme sont des *cellules sociales*, qui doivent recevoir une éducation et subir une adaptation.

(1) Rappelons qu'on entend par *puissance* la quantité de travail dans l'unité de temps.

L'exercice leur fait acquérir l'habileté, l'aisance des mouvements et des pensées ; ceux-ci se produiront plus rapidement et sûrement et avec moins de fatigue. Tel est le cas de l'écrivain, du professeur, de l'orateur, de la dactylographe, du dessinateur : vites dans l'acte de penser, de parler, de manœuvrer, exacts malgré cette rapidité. Seule la fatigue anormale pourrait compromettre ce talent ou le déprécier.

Voilà pour quelles raisons supérieures nous tenons à l'organisation des usines, bureaux, chantiers, au choix d'un outillage perfectionné et adéquat au travail, à l'adaptation du personnel suivant ses capacités, à la coordination des services directeur et exécutif.

Diviser le travail, c'est en faire une analyse méthodique, le distribuer pour, ensuite, le réunir dans une synthèse rigoureuse.

26. **Avantages et inconvénients de la division du travail.** — Aucun doute ne peut subsister sur les avantages de cette méthode quant à la production, c'est-à-dire au *prix de revient* de la matière fabriquée.

Pour répandre les objets utiles à l'homme et les mettre à la portée des bourses les plus modestes, on ne voit pas ce qui l'emporterait sur la *machine-outil,* quand elle marche à plein rendement, commandée par des personnes spécialisées.

Mais la distribution et régulation tendent à échapper de jour en jour à la main de l'homme ; car la machine améliore continuellement ses rouages et l'industrie se hâte vers le *travail automatique.*

Il suffira de comparer le *tour primitif,* actionné avec la main et le pied, dans les contorsions pénibles de l'ouvrier, au *tour revolver* d'aujourd'hui où un simple distributeur permet d'exécuter plusieurs opérations sur la même pièce à tourner, pour avoir une idée du chemin parcouru. Les machines de l'avenir, il ne sera nécessaire que de les mettre en marche ou de les arrêter. Et l'ouvrier aura plus besoin d'en connaître la technique, d'être instruit et diligent, attentif et exact, que de fournir des efforts musculaires considérables.

Peut-être cette circonstance remédiera-t-elle aux excès de la division et de la spécialisation. Leur outrance supprime, en effet, la personnalité de l'ouvrier, l'artisan qui a la possession de toutes les parties de son métier ; elle a raréfié dans le monde *l'ouvrier complet*, ou « en chambre ». La race des petits patrons, sachant à merveille pratiquer *l'apprentissage*, former des artisans qui leur ressemblent par le talent, cette race est en voie d'extinction. La concurrence, le prix de revient si bas de l'usine, la tuent. On ne rencontre que bien peu de petits fabricants.

Les personnes incorporées à l'usine dès le jeune âge en deviennent des mécanismes asservis à une forme invariable de mouvement ; leur existence est celle d'automates attelés avec d'autres automates et contraints de les suivre. De plus, *la spécialisation extrême affaiblit les facultés* qui ne sont pas exercées, dans l'ordre psychique comme dans l'ordre physique. Il est toujours fâcheux de laisser sommeiller certaines de nos capacités.

Comment réagir, dès lors, contre une conséquence qui semble fatale ?

La division du travail est le fondement de toute action industrielle prospère. On ne saurait s'en écarter, ainsi que d'aucuns l'ont conseillé, par le roulement des ouvriers d'une machine à une autre, afin de *rompre la monotonie des occupations*. Il résulterait, de cette série d'adaptations successives ou alternées, une grande perte de temps et de rendement. Et le gain de l'homme serait insignifiant en soi ; car le jour où il voudrait s'établir à son compte, il ne lui servirait de rien d'avoir vu fonctionner des machines si diverses dont ses ressources lui interdisent l'emploi. Chez lui, le facteur humain sera plus en œuvre que le facteur mécanique. Entre l'artisan établi en chambre et l'usine, il y a toute la différence du petit voilier au grand transatlantique.

Mais voici qui pourrait être une solution. Nous demandons que l'on instruise l'apprenti de tous les détails de sa future profession, après quoi on l'emploiera selon ses capacités dominantes ; ceci ne nuira pas à cela. L'enseignement technique doit donc être fortifié dans toutes les écoles.

D'autre part, on favorisera l'éclosion de « l'artisanat » en passant des commandes aux ouvriers en chambre, aux petits ateliers. L'État leur réservera une partie de ses travaux. On a même préconisé de les aider par des *prêts* allant jusqu'à 10 000 francs et pour une durée de dix ans. Ce point de vue, d'inspiration très heureuse, a été celui de M. Clémentel, en France (décembre 1922) ; il ouvre des facilités au travail synthétique de l'homme, en opposition avec le travail divisé de l'usine ; il sert la cause de l'apprentissage mise en péril par l'extension de la *machino-facture*, conséquence du groupement croissant des capitaux.

27. Hygiène sociale et industrie. — Ajoutons que, dans une mesure sérieuse, *l'usine est l'ennemie de la famille.* Je constate le fait et ne souhaite guère la disparition de l'atelier industriel. Source de richesse et de bien-être matériel, l'industrie doit être acceptée avec ses tares inéluctables. J'essaie seulement de sauvegarder, autant que possible, l'intérêt de la famille, son hygiène, sa vie morale.

N'oublions pas que l'usine enrôle, capte les jeunes gens et les garde environ jusqu'à la cinquantaine. N'imposant pas la connaissance approfondie du métier et se bornant à recruter des travailleurs quelconques, elle les attire sans aucune distinction d'âge, de sexe, de capacité. Il s'ensuit *une dispersion de la famille et une certaine promiscuité.*

La consolidation des liens domestiques due au fait que

le père nourrit, à lui seul, toute sa famille, l'autorité et
le respect qu'il y gagne, font place à la désagrégation
du foyer, où chacun veut installer son indépendance.
Moralement donc l'usine brise le cadre familial et diminue
les forces de la natalité.

Elle est, en plus, une cause *d'intoxications, d'accidents*,
de *maladies professionnelles*. Les influences nocives du
milieu (température, humidité, vapeurs toxiques, etc.)
seraient trop longues à exposer ici (voir *Moteur humain*,
livre IV). Elles justifient, en tout cas, l'installation dans
toute usine importante d'un *Office d'hygiène sociale*.

Je le conçois tel qu'il s'adresse aussi bien aux personnes
valides qu'aux malades et aux blessés. A côté du *Service
médical*, il y aura le *Service physiologique du travail*. Celui-ci s'occupera d'orientation professionnelle,
d'examen des aptitudes, d'enquêtes sur les conditions
mécaniques des exercices et leurs conséquences physiologiques. Celui-là fera le diagnostic des maladies et conduira l'hygiène thérapeutique, les opérations chirurgi-
cales avec la suite qu'elles comportent : *accidents du travail* et leur évaluation, soins orthopédiques, etc. La
figure 8 représente un service physiologique tel que
j'en ai fait organiser depuis quatre ans, par exemple
celui des *Aciéries réunies* de Luxembourg, dites *Arbed*
(Aciéries réunies de Bulbach, Ech et Dudelange). Au
lycée ou à la faculté, on pourrait le réduire à deux
pièces seulement, comprenant tous les appareils ; les
élèves y seraient examinés par cinq ou six.

Le domaine des œuvres sociales s'étend à bon droit.
L'industrie, si généreuse pour solliciter les acheteurs,
était une marâtre à l'égard des travailleurs. Elle les
soumet à l'inflexible discipline de ses machines et aux
dangers d'un milieu malsain, trépidant, où contacts et
contagions menacent le corps et l'esprit, où l'ignorance
du métier total expose à la misère pour peu qu'on quitte
l'usine et songe au travail chez soi.

Aussi, la puissance croissante de ces immenses ateliers, la concentration progressive du capital, ont-elles dressé

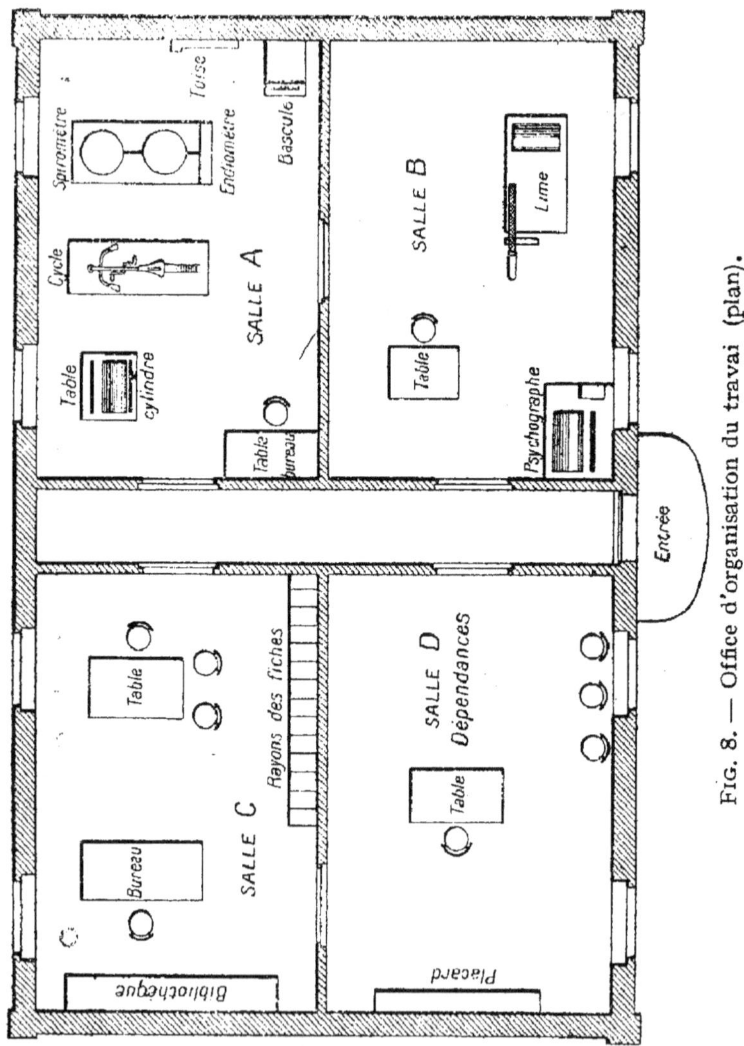

Fig. 8. — Office d'organisation du travai (plan).

les *syndicats* comme une puissance antagoniste pour sauvegarder les intérêts professionnels des abus de l'*égoïsme souverain.*

Heureusement, notre actuelle civilisation semble vouloir écarter à jamais l'antagonisme du capital et du travail ; une douce aurore se lève sur les deux camps jusque-là enveloppés d'ombre. La science a réveillé les consciences. Combien de chefs d'usines qui sacrifient aujourd'hui des sommes importantes à la prophylaxie des maladies de leurs ouvriers ! Je voudrais les voir combattre aussi *l'alcoolisme et la syphilis*, organiser *le sursalaire familial*, accorder des heures et des primes pour *l'allaitement au sein*, créer des *cantines* saines et économiques. Le *cinéma* qui instruit et distrait, les *stands* pour culture physique, serviront le corps et l'esprit de ces hommes et de ces femmes bien méritants et meilleurs qu'on ne croit sur de vaines apparences.

On souhaiterait, enfin, que le *patronat* inscrivît la *solidarité humaine* au chapitre des dépenses ordinaires et indispensables.

CHAPITRE III

LES APPLICATIONS

28. — Les lois du travail organisé, dont nous venons de résumer l'essentiel, s'appliquent à toutes les formes de notre activité, dans quelque mesure et sur quelque terrain qu'elle s'exerce. Pour faire cette illustration, je vais reproduire ici des parties du tableau général qui occupe l'ensemble de mes ouvrages précités.

1º Applications industrielles et commerciales. — D'abord c'est le travail ouvrier proprement dit, celui de l'usine ou du chantier. On a, par exemple, étudié le *limeur* agissant sur un bloc de laiton au moyen d'une grosse lime, qualifiée de *demi douce*. Les mouvements, efforts et cadence, la respiration, sont enregistrés ; la position des pieds, du corps, les dépenses d'énergie, en oxygène ou en calories, sont déterminées au point de vue du rendement, c'est-à-dire de la limaille enlevée.

De l'examen comparé de quarante-six personnes, dont on corrigeait les attitudes et améliorait la technique, nous avons pu conclure ceci :

« Le corps de l'ouvrier doit être vertical, sans raideur, distant de 20 centimètres de l'étau, et ce dernier au niveau de l'ombilic ; la position des pieds telle que leur angle d'ouverture soit de 68 degrés et la distance entre les talons de 25 centimètres ; le bras gauche en complète extension et appuyant sur l'outil un peu plus que le bras droit : 8 kilog. 500 et 7 kilog. 500 pour leurs efforts respectifs (fig. 9. Voir aussi la planche III). Les retours de la lime doivent consister en un simple glissement sans appui des bras. Enfin, le rythme des mouvements est de 70 *par minute.*

« Toutes ces conditions étant remplies, on fera suivre un *travail de cinq minutes d'une minute de repos complet,* les bras tombant le long du corps.

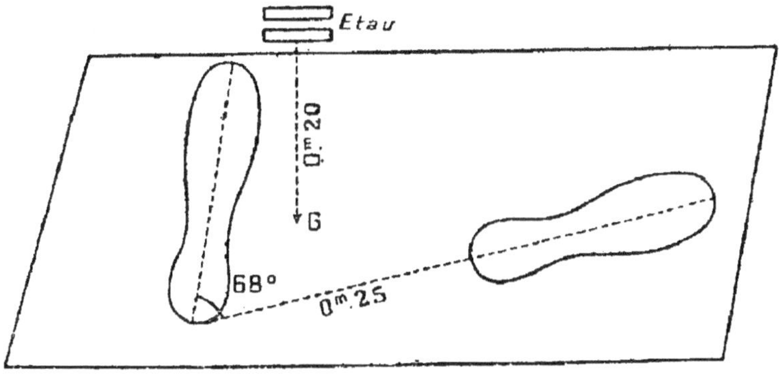

FIG. 9. — Attitude économique du limeur.

« Respirations et pulsations ne subissent alors qu'un accroissement moyen de 25 et 20 pour 100, comparativement à l'état de repos. La fatigue locale de l'avant-bras droit est supportable et la fatigue générale se laisse voir à peine. Le travail maximum est au moins *double* du travail ordinaire de la grande majorité des ouvriers.

« Ce sera, dans notre cas, 600 grammes de limaille de laiton par journée de *sept heures de travail effectif* (1). »

Le martelage, le sciage, rabotage, forgeage, le travail si varié du tour, le *pelletage,* que nous avons analysé chez le terrassier et le cultivateur, ont fait l'objet de recherches analogues, toujours dans le sens d'une augmentation de la production à l'abri des excès de fatigue.

(1) *Organisation physiologique du travail,* p. 129-130.

29. **Les bureaux** constituent des services importants de l'industrie, soit pour répartir les tâches après étude, soit pour la comptabilité et la marche commerciales de l'usine. Leur organisation exige d'autant plus d'attention qu'ils emploient un grand nombre de *femmes* : secrétaires, caissières, calculatrices, dactylographes, serveuses, etc. Étant donnée *l'extrême émotivité* du beau sexe (§ 19), les bureaux seront soustraits aux bruits extérieurs ; car un simple accident de pneu, se produisant dans la rue, poussera toutes les employées vers les fenêtres, arrêtant et troublant leurs occupations normales. On y maintiendra une *température* de 17 à 18 degrés et jamais on ne traitera une affaire sérieuse dans une salle surchauffée.

L'éclairage viendra latéralement, de gauche à droite, par des fenêtres (fig. 10, F) ouvrant sur les tables (T) ; le soir ou s'il fait sombre, on aura recours à l'éclairage *au gaz;* c'est plus sain pour la vue ; le discernement des détails et des couleurs y gagne, et il sera toujours facile de ne point laisser s'accumuler le gaz carbonique des lampes en ventilant les pièces suffisamment.

Le bureau disposera aussi des meilleurs instruments de travail et les aura en nombre suffisant pour que les employés n'aient pas à s'attendre mutuellement. Ceux-ci les placeront toujours aux mêmes endroits et convenablement, afin de ne pas s'exposer à les égarer, ni à faire effort pour les prendre. Deux personnes assises à une même table auront les outils en commun, mais en double, c'est-à-dire en un seul endroit et à égale portée de leur main.

En étudiant, au moyen *d'un porte-plume dynamographique*, les pressions sur le papier dans les diverses attitudes du corps, nous avons formulé les conclusions suivantes :

Le siège (S) et le bureau seront tels que leur hauteur respective amène le bord de ce dernier au niveau de l'ombilic et à une distance égale à 10 centimètres environ, les coudes appuyées sans forcer le buste à se pencher, le corps légèrement rapproché par la gauche, de sorte que l'avant-bras de ce côté pose sur la table ; il calera le buste, assurant au bras droit la souplesse et la sûreté de ses mouvements.

L'inverse dans le cas des gauchers, et *jamais de table encombrée.* Plusieurs employés, se servant d'un même

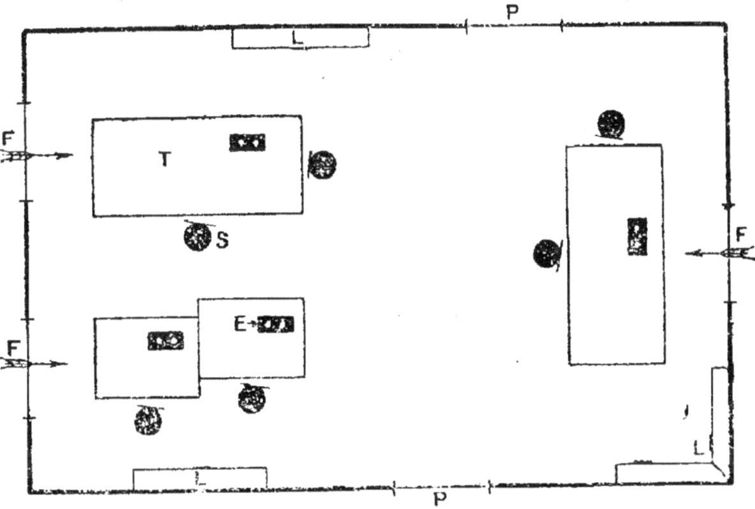

Fig. 10. — Installation rationnelle d'un bureau (S, siège ; F, fenêtre ; T, table ; E, objets de bureau ; L, classeurs ; P porte).

bureau, se placeront de manière à ne pas faire écran l'un à l'autre, ni à retarder le va-et-vient vers les placards (L), la communication des documents, la circulation des collègues de porte à porte (P).

Je n'insiste pas sur une matière où les améliorations sont nombreuses, et la routine encore souveraine ; ce serait déborder mon programme.

30. 2° **Applications au travail intellectuel.** — Le bureau comporte un *travail intellectuel* plus important, dans

certains cas, que le travail manuel. Or, on se rend soi-mêmè compte qu'avec un *plan* les idées se suivent en ordre et logiquement, leur exposé verbal ou écrit fatigue moins et paraît plus clair. Si l'exercice de l'esprit se prolonge, d'heure en heure la production est d'une difficulté qui croît et cause une fatigue cérébrale plus grande. Tandis que l'organisme est affaibli, la qualité du travail diminue, à tel point qu'en se relisant, après un moment de repos, on demeure étonné d'avoir si mal pensé ou si mal écrit.

C'est que précisément l'activité mentale veut une discipline physiologique par laquelle nos idées se succèdent suivant les lois de *causalité* et dans un enchaînement qui écarte les idées adventices, véritables parasites de l'esprit et origines d'un inutile gaspillage.

« Il est possible, avons-nous dit ailleurs (1), d'*organiser le travail intellectuel*, de mieux l'employer si l'on recourt à des méthodes rationnelles... Car, sous l'infinie variété de ses formes, il nécessite des opérations de même nature, et rien ne distingue, quant à l'économie de l'effort, l'exercice de l'esprit de l'exercice des muscles.

« Mais le travail intellectuel est *double*. D'une part, il consiste à trouver en soi-même ou à chercher des idées. En second lieu, il s'emploie à les organiser, et par là il faut entendre l'utilisation de ces idées dans un *ordre* et sur un *plan* qui les fassent valoir supérieurement...

« ...Au point de vue du ravitaillement de l'esprit, pas d'aliments inutilisables ou de mauvaise qualité, pas de gaspillage d'énergie cérébrale.

« Le second point de vue embrasse le *travail de la pensée* employant les matériaux accumulés. Elle procède ainsi :

---

(1) Le chapitre VII de mon *Organisation physiologique du travail* (p. 170 à 184) traite en détail de cette question capitale : *l'Activité intellectuelle*. C'est, probablement, pour la mettre à la portée des lecteurs qui ne me connaissent pas, qu'un certain Clément Goh a reproduit ledit chapitre en une brochure à part, en le délayant si malheureusement qu'il a eu, au moins, la pudeur de substituer son nom au mien.

voulons-nous réfléchir à un sujet, résoudre un problème scientifique ou philosophique? Peu à peu nos idées s'éveillent, se pressent, s'agitent. Généralement, elles apparaissent dans *l'ordre naturel*, c'est-à-dire isolées, sans lien, déterminées chacune par une sorte de réaction ou de réflexe.

« L'ordre naturel, c'est, par comparaison, celui d'une troupe en marche quand on a fait rompre le pas. Les hommes vont en tous sens, attirés diversement, *livrés au hasard*. Pour qui les voit de loin, la troupe marche avec ensemble, malgré la confusion des rangs et des grades. Mais elle progresse moins vite, elle présente moins de cohésion et de solidité et aussi moins d'élégance qu'une troupe qui observe le pas, serre les rangs derrière ses chefs et se plie à leurs directions.

« La même discipline doit s'appliquer aux idées qui cheminent en foule sur toute l'étendue de l'esprit. Dans les débuts, en faisant notre apprentissage, nous les laisserons se succéder *spontanément* sous notre plume, et quand il n'en restera plus *une* qui vaille la peine d'être notée par écrit, nous les soumettrons à un examen sévère. Telle idée sera la première qui, dans l'ordre naturel, s'était trouvée troisième ou quatrième et ainsi des autres. Toutes seront classées, hiérarchisées, pour que l'accessoire ne l'emporte point sur le principal et qu'une succession réglée *intérieurement* leur conserve à la fois et leur vertu propre et cette vertu seconde qui résulte des relations logiques établies entre elles.

« Un pareil enchaînement exclut les longueurs, interdit les digressions et les inutiles propos. L'économie de mots, c'est l'économie de temps par des moyens qui accroissent singulièrement la vigueur du raisonnement et le développent dans une lumière concentrée.

« Il appartient à *l'habitude*, régulièrement entretenue, d'imposer à la pensée cette manière de travailler... On conçoit que cette discipline s'accommode mal des excitations vives et nombreuses qui, du dehors, ébranlent ses cadres, et pourquoi la *réflexion*, la *méditation* sont plus efficaces quand on réussit à s'abstraire de son entourage. Un cerveau richement garni élaborera, dans cette tour d'ivoire, des pensées cohérentes et ordonnées. Un savant, un directeur d'usines, un ingénieur, pourront confronter plus utilement et sûrement les faits de leur expérience acquise... Ils auront de la *fermeté*, du *jugement*, de la *méthode*. Ils seront compris et obéis sans effort... »

31. — « Pour diminuer la fatigue, on coupera le travail intellectuel en périodes *d'une à deux heures* suivant sa nature, et on les fera alterner avec des périodes de repos relatif, c'est-à-dire que ces intervalles de temps seront consacrés à un exercice physique modéré : promenades, jeux, conversation. » La *gymnastique respiratoire* est le remède aux exercices prolongés de l'esprit ; elle l'alimente en oxygène, ranime la circulation du sang, et fait disparaître la menace d'intoxication et d'asphyxie qu'une attention trop soutenue laisse peser sur l'organisme.

L'orateur, qui observe la vraie méthode, s'efforce en outre de ménager l'attention de ceux qui l'écoutent. « Les *ornements* qu'il emploie ont pour raison de capter cette attention pour la préparer à suivre l'exposé, et de la soutenir tout du long. Ils favorisent la mise en train du travail intellectuel que l'on réclame d'autrui, et en rompent la continuité. Car l'activité de l'esprit est *rythmique* et *intermittente* comme l'activité des muscles. La vie psychique se dérobe par intervalles au courant des idées et se réfugie, de préférence, sur des berges fleuries. Il semble que la *rhétorique* soit née de ce double besoin d'ordre et de méthode. »

On voit, par ces quelques passages, combien la *pédagogie*, l'art de *l'écrivain*, de *l'orateur*, le labeur de l'homme politique ou de l'homme d'affaires sont tributaires, à leur profit, de cette organisation scientifique du travail.

32. 3° Applications administratives. Les ministères. —
Comme suite à l'organisation des bureaux et du travail de l'esprit, on dira, après tant de personnes autorisées, que les administrations de l'État, les ministères, gagneraient à se modeler sur les administrations de l'industrie, j'entends uniquement quant aux méthodes et au rendement.

Le célèbre ingénieur américain Taylor reprochait, avec raison, aux *fonctionnaires* de ne pas fournir le *tiers* de leur rendement normal.

Cette insuffisance, ajoutée à l'indolence et à l'incurie, sont cependant des défauts dont un *vrai chef* triomphe aisément s'il possède l'autorité et la volonté. On peut le constater tous les jours. Les demandes adressées à un ministre par un particulier, commerçant ou industriel, sont suivies de réponses d'autant plus rapides que ce ministre est plus obéi par son entourage. On sent une attention plus éveillée, un sérieux effort pour réaliser ; la vie nationale, la prospérité économique ne sont plus livrées à l'indifférence de bureaucrates irresponsables.

Mais les administrations, fussent-elles composées de personnes actives et compétentes, et il le faudrait toujours, les ministres fussent-ils énergiques et cultivés, ce ne serait pas assez pour garantir l'exacte et rapide expédition des affaires. Les bureaux et directions s'ignoreraient, les fonctionnaires se verraient rarement et continueraient de communiquer d'un service à un autre par des signatures *illisibles*.

Cela nuit à la nécessaire solidarité des organes administratifs, diminue leur travail et leur mutuel contrôle. Il leur faut une impulsion commune pour agir dans un même but, et le moyen de lier leurs efforts. On peut y arriver par la *sphère ministérielle*, image de la sphère administrative.

33. **La sphère ministérielle** (fig. 11) établit, entre les directions d'un même ministère, des connexions utiles, peu nombreuses, mais suffisantes pour la coordination du travail.

Prenons le cas de l'Instruction publique. Les directions sont à la périphérie : enseignements supérieur, pri-

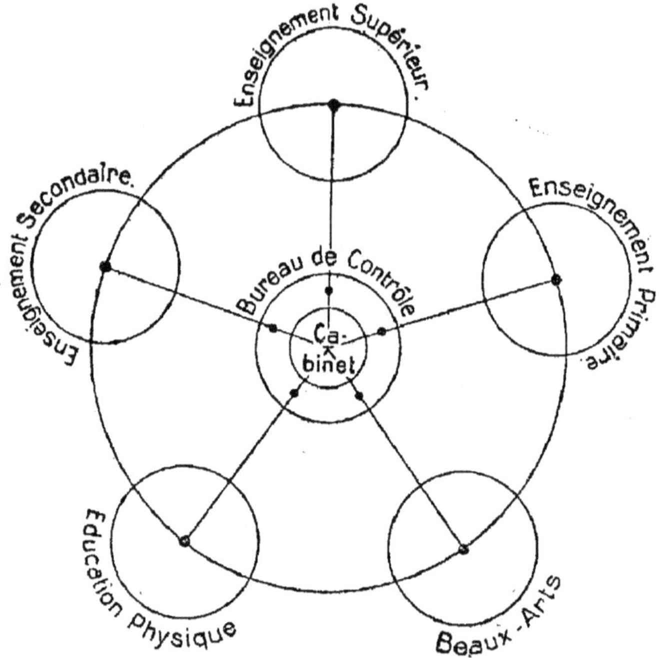

Fig. 11 — Sphère ministérielle (pour coordonner les services).

maire et secondaire, beaux-arts, éducation physique. J'ai retenu celle-ci, car elle a sa place naturelle dans l'instruction, laquelle s'adresse au corps et à l'âme : « Il n'en faut pas faire à *deux* », protestait Montaigne ; mais j'ai dû éliminer l'enseignement technique, plus homogène qu'il est avec le commerce et l'industrie dont il n'eût point fallu le séparer.

La grande circonférence indique que toutes ces direc-

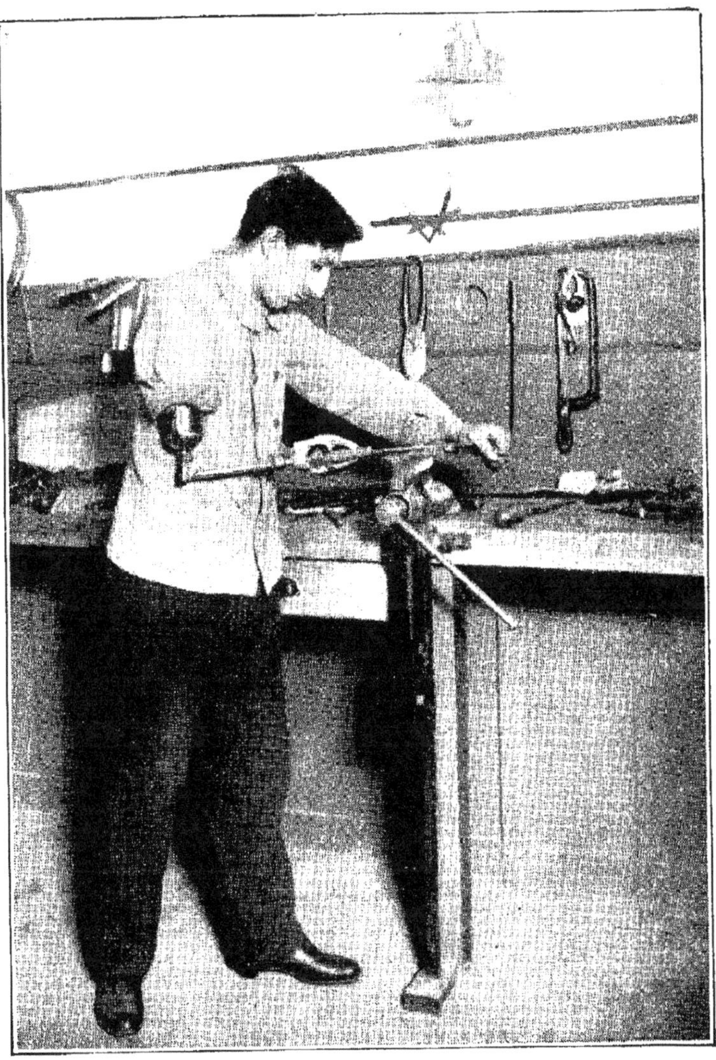

PLANCHE VII. — Mécanicien « manchot » muni du *bras de travail* avec la pince de l'auteur.

Planche VIII. — Dactylographie avec approvisionnement en papier pour un *mois*. Le pied du mutilé actionne les majuscules. (La photo est en silhouettes montrant les mouvements de la tête et du dos ; les interlignes du quadrillé représentent dix centimètres.)

tions sont reliées entre elles. Chacune, malgré un recrutement fondé sur le seul mérite et l'autorité de son chef, rend compte de son travail par un résumé envoyé chaque samedi au *bureau de contrôle*. Dans ce bureau, placé autour du cabinet du ministre, sont des *agents de liaison*, chargés de se renseigner et d'éclairer ce dernier.

Dans ces conditions, un service déterminé apprend par les autres qu'un document lui est expédié pour réponse urgente, pour compléter un dossier, ou hâter une décision. Des notes et un classement par *priorité*, d'après l'importance et l'urgence, résultent de cet échange régulier de vues.

Alors le bureau de contrôle du ministre aura toutes facilités pour soumettre à celui-ci — seul maître parce que seul responsable — les dossiers à expédier, pièces à signer, réponses à faire, *toujours après une étude réfléchie et impartiale.*

Cette coordination du travail supprime les retards, rappels de demandes, enchevêtrements d'affaires, à la faveur desquels se produisent les abus, injustices et pires dommages pour l'activité d'une nation.

Elle évite les surprises et les confusions où tant d'hommes politiques rencontrent la pelure d'orange qui les fait glisser. Elle économise le personnel et tout un labeur superflu. Mais, à la vérité, les subordonnés sont ce que les dirigeants veulent qu'ils soient. Il n'y a point d'organisation possible où manque la capacité du chef. L'erreur grave des démocraties a consisté à retirer aux ministres toute volonté, en les laissant, devant les décisions qui les tentent, comme le solipède de la scolastique. Alors ils se sont habitués à tout abandonner aux subordonnés, à recevoir leurs inspirations les plus sottes et les plus contradictoires. Ils ne travaillent pas, ils obéissent. Rien de plus comique que le spectacle qu'ils offrent. On dirait le jeune Diafoirus demandant à son père, qui l'introduisait dans un salon : « Baiserai-je, papa ? »

Le ministre doit être un *patron*, c'est-à-dire doit s'intéresser à son administration comme le ferait un industriel.

34. 4º **Applications sportives. La culture physique.** —
Méthode de discipline de l'âme et du corps, d'accroissement de la race en force et en beauté, *l'éducation physique et sportive* s'est imposée à tous les peuples civilisés.

Comme les autres formes du travail, qui exercent les muscles et le cerveau, elle repose entièrement sur les données de la physiologie expérimentale ; et la base de son organisation est la *fiche d'aptitudes* (1). On tend à le reconnaître de plus en plus et à s'en inspirer. La « fiche physiologique » dont je formulai les bases scientifiques en 1913 et les applications en 1918, au moment où nos champions se préparaient pour l'Olympiade d'Anvers, est en usage depuis 1921 dans divers centres d'athlétisme. Elle n'y est pas toujours, malheureusement, parfaitement rédigée, faute de technique et par suite, je veux y insister, du caractère charlatanesque et politique qui est celui de tout l'athlétisme français.

On sait (§ 5) que la production de force suppose une combustion intra-organique, une dépense d'oxygène. Cuvier, le profond anatomiste qui disséqua tant d'espèces animales, nota le premier que le développement et l'activité des muscles ne vont *jamais* sans un développement et une activité aussi marqués de l'appareil respiratoire (2). Les deux groupes d'organes évoluent parallèlement. Régler la respiration et l'amplifier sans excès, choisir un régime d'alimentation qui exclue les

(1) Sur l'emploi de la fiche d'aptitudes en culture physique, voir notre *Orientation professionnelle*, p. 51 à 57, et un article de la revue *Très sport* du 1ᵉʳ mai 1922.

(2) Georges Cuvier (1769-1832), né à Montbéliard. Voir ses *Leçons d'anatomie comparée*, 1805, t. II, p. 517, et t. IV, p. 296.

substances nuisibles, particulièrement les spiritueux, *l'alcool* et les toxiques, conditionner enfin le jeu des muscles quant à leur effort, vitesse et durée d'action, tels sont les principes souverains de l'organisation indispensable à l'éducation physique.

L'athlétisme fut en honneur dès l'aurore des sociétés humaines. Lycurgue, législateur-soldat de Sparte, justement préoccupé de la perfection militaire, poussa la *sélection de la jeunesse* jusqu'à sacrifier les enfants débiles ; mais il s'appliquait à fortifier les autres. C'était l'âge héroïque de cette science, aujourd'hui constituée par *Galton* sous le nom d'*Eugénique*, et qui n'est rien de moins que l'art d'améliorer les races humaines par les procédés qui servent à améliorer plantes et animaux.

D'une façon générale, les anciens n'avaient point d'âge pour les exercices gymnastiques et sportifs. Ils étaient pour tout le monde un véritable besoin, car l'idéal grec voulait la complète beauté, inséparable de la vigueur et de la santé. Toute l'année, on s'exerçait au *stade d'Elis*. Mais les *Jeux olympiques* ne furent organisés qu'en 776 par Hercule, haut commissaire de l'Olympe : *courses*, *sauts*, combinés avec le *jet du disque* et du *javelot* et avec la *lutte*. D'où le nom de *pentathle* (cinq sports) sous lequel on les a consacrés.

35. — Il semble que la tradition des anciens se soit retrouvée d'abord chez les peuples *scandinaves et anglo-saxons*. Pourquoi? Mais tout simplement parce qu'ils en ont aperçu le caractère utilitaire ; pour avoir des hommes robustes, ils surent appliquer les lois scientifiques de l'industrie.

Au contraire des peuples latins, ils ne font pas de l'athlétisme un amusement, encore moins un métier de cabotin. Il leur est un *devoir* qui, dans les universités, les écoles, fait l'objet d'une note spéciale. Centres d'études, usines, casernes, s'adonnent aux sports ; le travail des muscles alterne avec ceux-ci pour solliciter d'autres muscles demeurés inactifs dans le métier, ou pour reposer le cerveau et le vivifier par un sang plus rapide et plus oxygéné.

Aux États-Unis, comme en Allemagne, on s'intéresse beaucoup à la *santé des enfants;* on règle leurs jeux avec autant d'ingéniosité, sinon plus, qu'à l'époque grecque, car les jeux, on l'a montré (§ 22), valent tout un apprentissage pour dresser le jugement et éduquer l'attention.

L'exemple des *boys* est fort instructif. Depuis 1908, grâce au général sir Powell, il existe des écoles de *scoutisme.* A Londres, plus de soixante-quinze parcs leur sont réservés. Et depuis 1916, c'est le ministre de l'Intérieur qui a la direction de l'ensemble.

Les bataillons américains, de fillettes et garçons, se forment dès la septième année ; ils ont deux heures par jour pour se consacrer aux sports, dans d'immenses jardins et sous la surveillance de moniteurs et monitrices éclairés.

Cette discipline règne enfin à l'Université, dans les cercles d'étudiantes et d'étudiants, mêlant le savoir à l'agrément. Peut-être, cependant, les Anglo-Saxons abusent-ils de la culture physique au détriment de l'évolution intellectuelle. Nation chez laquelle, au contraire, l'esprit devance les bras, la France a longtemps oublié les avantages de l'éducation sportive pour la santé du peuple. Sans les *paysans* qui, eux, exercent leurs muscles plus que leur cerveau, sans ce préjugé voltairien « qu'il suffit d'une plume contre deux cents bras de cultivateurs», la déchéance française serait physiquement consommée. La *loi de* 1920 est venue à temps déclarer que l'éducation du corps est *obligatoire* pour les jeunes gens des deux sexes, entre six et dix-sept ans révolus. Un livret individuel « suivra les garçons jusqu'à l'incorporation ». Et tout un plan, d'ailleurs désordonné, associe les ministères de la Guerre et de l'Enseignement technique (?) en vue de ce programme national.

36. **Les sports et l'athlétisme,** répétons-le, sont des aspects harmonieux du travail humain ; les règles physiologiques de ce dernier leur seront un guide certain. Il faut qu'ils gardent leur caractère *strictement social*, qu'ils soient une partie intégrante de l'instruction et de l'hygiène universitaires, un facteur important d'embellissement ou d'eugénique. On veillera à ce qu'ils s'inspirent des progrès de la science et tiennent compte de l'âge, du sexe, des aptitudes individuelles.

L'éducation respiratoire est, d'autre part, une condition absolue de l'éducation physique. Voilà pourquoi j'ai dit plus haut (§ 7) qu'il importait *d'entraîner* muscles et poumons, graduellement, au moyen du cycle ergométrique. La vitesse, la puissance, qui sont tout en matière sportive, s'acquièrent de la sorte, et si l'organisme n'y résiste pas, elles le révèlent dans les graphiques de la respiration.

De toutes façons, il est nécessaire que les jeunes gens pratiquent journellement, *un quart d'heure* le matin et un quart d'heure le soir, des mouvements des bras qui scandent le jeu des poumons (pl. VI). On élève *posément* les bras jusqu'au-dessus et en arrière de la tête comme pour décrire une circonférence ; c'est le temps de l'inspiration (partie I de la figure). On les ramène de même d'arrière en avant en expirant profondément (partie II). Durant cette rotation ou *circumduction* des membres supérieurs, le corps sera légèrement incliné en se portant sur la *pointe des pieds*, et tous les muscles seront contractés dans une tension synergique. Effectués au grand air, une douzaine de ces mouvements introduisent dans nos cellules une provision d'oxygène dont j'ai montré, ailleurs, la haute influence sur l'entraînement et la résistance des amateurs de sport. Un homme doué de *l'autorité nécessaire*, spécialiste reconnu et non recommandé, aura vite fait de tirer du désarroi l'organisation française de l'éducation physique. Car il est à craindre que nous nous trouvions à l'Olympiade de 1924 aussi mal préparés qu'à celle d'Anvers, en 1920 ; échec qui sera sensible autant à notre amour-propre qu'au salut même de la nation.

37. 5° Application aux blessés et accidentés du travail. — On terminera cette brève série d'applications en examinant le problème des invalides de guerre et des accidentés de l'industrie. Ceux-ci et ceux-là demeurent utilisables socialement, à la condition d'être soumis à la *rééducation professionnelle*.

Cette dernière revient, en somme, à étudier la diminution de rendement qui résulte d'une impotence ou d'une mutilation, à évaluer la perte de capacité de travail d'une machine vivante blessée. Dès 1914, je formulai et fis adopter par tous les Alliés cette doctrine scientifique, dont le développement occupe les chapitres X, XI et XII de notre *Organisation physiologique du travail*.

Il est sincèrement regrettable que ce point de vue ait été, en France, remplacé par le point de vue *assistance et charité*. On méconnut le fait que le blessé reste un homme susceptible de travailler, souvent par son cerveau mieux adapté, et que la *pension* n'est que la juste compensation de la perte physique éprouvée.

De l'erreur commise il est résulté un vrai chaos où seuls ont trouvé leur profit des gens peu intéressants, plus exploiteurs qu'amis des mutilés.

Aux États-Unis, je réussis parce que les accidents du travail y sont fort nombreux et qu'on voulait une méthode sûre, d'où ressortirait en même temps le *barème des invalidités*. Je veux dire ici, uniquement, que les besoins du monde en travailleurs ne permettent pas de négliger les 12 ou 13 millions d'invalides qu'il possède aujourd'hui et dont les capacités sont généralement d'un emploi plus fructueux que celles des *femmes*. De même qu'il faut faire à celles-ci la place qui convient à leurs aptitudes, de même il est du devoir d'un État bien administré de donner des occupations à ses invalides.

C'est grâce aux *fiches d'orientation professionnelle* que l'on peut effectuer la réadaptation au travail et le réapprentissage. Les graphiques guident, sans la moindre erreur, l'emploi rationnel des blessés, même quand ils ont subi une *amputation*. La planche VII montre un mécanicien manchot, doté de notre *bras de travail avec pince*, et qui exerce son métier sans que la perte de rendement dépasse **20** à **25** pour **100**.

Appliquant nos principes et mettant en vigueur les lois de l'organisation scientifique, notre ami *Frank Gilbreth*, un éminent ingénieur américain, et Mme Gilbreth ont fortement plaidé la cause des victimes de la guerre. Je reproduis, vu leur intérêt, ces considérations, dont le texte nous a été traduit par Mme la marquise de Noailles avec une précision remarquable. Et j'en profiterai pour la remercier cordialement (1).

38. « **Mensuration du facteur humain.** — Aucun progrès stable et définitif ne peut être accompli dans quelque travail que ce soit, par machines ou par hommes, si l'on n'y fait usage de *mensurations*. C'est plus particulièrement vrai lorsqu'il s'agit des progrès du facteur humain dans l'industrie, lequel est si variable qu'on ne pourrait répéter une même opération exactement, efficacement et à volonté, ni en régler toutes les conditions, à moins de s'être servi de mesures et d'observations...

(1) Le Mémoire fut d'abord publié dans le bulletin de *The National Conference of the Western Efficiency Society*, 22-25 mai 1917, puis reproduit dans un volume, *Motion Study for the Handicapped*, p. 68 et suiv., London, 1920.

« L'enregistrement de ces mensurations doit être tel qu'elles puissent être utilisées même par ceux qui ne les ont pas faites. Ainsi, le talent et l'expérience seront à la portée de tous, les résultats leur appartiendront immédiatement sous la forme d'une méthode pratique et fort économique...

« Les modèles mécaniques changent souvent, mais l'homme non. Des observations, faites sur des machines surannées, seraient de peu de valeur ; celles concernant l'homme seront valables éternellement... Les recherches basées sur des mesures ont, d'autre part, établi que le génie se développe mieux et plus vite quand on l'entoure de circonstances favorables et le dégage de toute préoccupation ou tâche restrictives.

« Les faits démontrent, enfin, que l'habileté est surtout une affaire *d'apprentissage,* et qu'on acquiert une plus grande habileté en peu de temps si de bonnes habitudes, de bonnes méthodes, ont été employées dès le début, si le facteur humain a fait l'objet de mensurations aussi bien chez l'élève que chez le maître...

« L'une des meilleures et plus brillantes dentistes de ce pays se trouva, après mensuration de ses mouvements, être beaucoup trop prodigue de ses gestes et de sa force. Et plus d'un habile expert de l'industrie, d'un métier ou d'un sport, atteint à un rendement très élevé, mais au prix d'une fatigue disproportionnée avec ce rendement...

« La mensuration assigne à chaque individu le genre de travail qui lui convient le mieux et l'intéresse le plus. Théorie et pratique de ce procédé, enseignées au travailleur, le rendront attentif à sa tâche, aux mouvements qu'elle exige, et aux intervalles de repos qui assureront un maximum de rendement avec un minimum de fatigue.

« Comment pratiquer la mensuration? C'est par l'amélioration de la technique physiologique et psychologique des laboratoires, et par l'éducation... Toutes ces questions intéressent au même degré physiologistes, psychologues, ingénieurs, directeurs d'usines, industriels ; mais le public ignore, en général, que leurs solutions servent rapidement à tout le monde... »

Ayant ainsi formulé les bases de l'organisation du travail humain, d'accord avec notre exposé ci-dessus, M. et Mme Gilbreth déclarent prendre « comme type d'application le cas de *mutilé*, mutilé de guerre ou mutilé du travail ».

39. « **Problème du mutilé.** — Nous avons reçu, il y a peu de jours, une lettre du professeur Jules Amar, le grand savant français qui consacre tout son temps et ses ressources à cette question, et qui, appuyé par son gouvernement (1), possède une installation unique et accepte que nous collaborions avec lui, depuis quelque temps déjà.

« Dans sa lettre, le professeur Amar insiste sur l'utilité qu'il y a pour notre pays, non seulement à se préparer au point de vue militaire, mais aussi à d'autres points de vue, pour une supérieure utilisation de nos soldats ; les Français, avec leur remarquable ingéniosité, ont réussi en cela bien au delà des autres nations (2)...

« Le facteur humain fut d'abord méconnu...

« 1º Personne ne sut caractériser chaque mutilé et le mettre à la place qu'il fallait pour que son travail lui procurât profit et satisfaction, avec chance de durée ;

« 2º On ne vit point les nombreuses voies ouvertes aux mutilés ;

(1) Mais pas longtemps, puisque la rééducation professionnelle en France a fait un fiasco lamentable.

(2) Ce passage reflète la communauté de sentiments de plusieurs savants américains avec nous, puisque, même *avant* que leur pays se fût rangé du côté des Alliés, ils se renseignaient confidentiellement auprès de moi sur la meilleure organisation, à l'heure où j'en perdais la charge dans mon pays !

« 3º On n'eut aucun souci de hâter la rééducation pour franchir la période initiale de découragement et montrer au blessé qu'il pourra reprendre sa place, en tant que facteur de production du monde économique ;

« 4º On ne chercha point à lui persuader qu'il est un homme pareil aux autres hommes, on ne songea pas assez à l'élément *sociabilité*, indispensable en cet univers... ;

« 5º Enfin, les masses elles-mêmes ne furent pas préparées quant à leur conduite envers le mutilé...

« C'est dans ces conditions qu'un grand nombre d'hommes doués d'activité furent instruits gravement à faire des *paniers*... que l'on achetait par pitié et que les peaux-rouges eux-mêmes refusent de confectionner parce que ce travail ne paie pas... Il faut se dire, au contraire, qu'il est *indispensable* de procurer un *métier d'homme* à ces hommes qui, revenus à d'autres horizons, seront aussi résolus que le jour où ils chargeaient l'ennemi dans la tranchée... Nous n'avons jamais trouvé de cas où il fût impossible de donner à un homme une tâche qui ne servît à le stimuler et à lui profiter. Mais on doit examiner toutes les possibilités en jeu ; les possibilités physiques sont aidées ou suppléées par des appareils tels que ceux mis en pratique, avec tant de succès, par le professeur Amar. Un examen rapide d'une partie seulement de son œuvre extraordinaire démontre qu'il a poussé d'une façon vraiment merveilleuse l'adaptation et la suppléance des facultés des mutilés.

« On y ajoutera *l'adaptation de l'outillage*. Nous avons prouvé qu'on peut adapter, par exemple, une machine à écrire, en employant un double clavier, avec provision de papier par rouleau sans fin, cela pour avoir des mutilés dactylographes. Les majuscules sont actionnées avec le pied (pl. VIII), ou encore le genou, sans que les mouvements du corps soient contraints ni désordonnés (1)... »

(1) Dans une autre partie de son livre, Gilbreth indique qu'il dut analyser les mouvements des dactylographes. Ainsi « il faut *dix secondes*,

Je tiens à observer, à ce sujet, que ma méthode de rééducation ne néglige nullement l'adaptation de l'outillage, celui-ci étant complémentaire de l'adaptation du blessé, avec ou sans appareil orthopédique. D'ailleurs, un certain nombre d'invalides instruits surent, par eux-mêmes, modifier leurs outils professionnels en harmonie avec la capacité physique qu'il fallait suppléer.

La science du travail organisé, le *Scientific Management* des Américains, est donc bien une méthode universelle, s'appliquant à tout et à tous, élevant l'énergie utile de chacun et le niveau de sa prospérité. Elle répand, à travers les champs de l'activité humaine, des eaux fertilisantes qui préparent la moisson des sociétés heureuses.

en moyenne, pour enlever une feuille terminée et la remplacer par une autre, parfaitement d'aplomb. Mlle Hortense Stollnitz, récente lauréate du tournoi international d'amateurs, mit moins de trois secondes... Sur la machine adaptée, un mutilé manchot, soldat ou accidenté du travail, peut n'employer que deux secondes seulement... ».

CHAPITRE IV

ÉVOLUTION DU TRAVAIL HUMAIN

40. **Les origines et la préhistoire.** — Je ne sais si, vraiment, il fut une époque où l'homme vivait dans un *Paradis*, à goûter les fruits exquis d'une nature généreuse qui ne lui demandait aucun effort. Mais ce que le physiologiste peut assurer, c'est que la condition physique, anatomique des types d'hommes les plus anciens, révèle que le travail fut la loi de l'humanité. Travail simple et primordial qui garantissait le vivre et le couvert.

Les documents à consulter sur ces ébauches d'industrie vitale sont de deux ordres. D'abord ceux de la *préhistoire*, qui montrent l'usage de la *pierre*, du silex tranchant ou poli, et l'usage du *bois*, tant pour construire des huttes où s'abriter, que pour se constituer des instruments de combat, de chasse, de labour.

Puis, postérieurement, il y a les documents écrits, babyloniens, chinois, égyptiens, dont les plus vieux se rapportent à l'an 3000 environ avant notre ère. Et, pour compléter et illustrer de tels enseignements, nous avons le tableau vivant et varié des peuplades arriérées qui, encore de nos jours, sont réduites au mode d'activité des premiers ancêtres, sous la réserve d'une plus grande ingéniosité née de l'évolution cérébrale.

Que savait-on fabriquer, construire, en dehors des travaux de chasse et de pêche, des *occupations agricoles?* La tradition, conservée par la Bible, fait d'Abel un berger, et de Caïn un cultivateur. Les produits de la terre, l'élevage furent très rapidement et naturellement le souci de l'homme. Ils suffisaient à nourrir les *quelques millions* d'êtres pensants qui peuplaient le globe. Je ne crois pas, en me guidant sur la loi de progression de notre espèce, qu'il y eût plus de *deux à trois millions* d'habitants, cinq mille ans avant Jésus-Christ. L'immense production végétale et la faune marine ou terrestre apportaient leur supérieure abondance à ces rares créatures. Et quelques primitifs que fussent les procédés de travail, l'offre dépassait largement la demande.

J'imagine, cependant, que *l'art* n'était pas absent. Telle personne excellait par son habileté à la chasse ou à la guerre, preuve qu'elle s'était formée à certaines pratiques d'un bon rendement, et en harmonie avec ses propres capacités.

Les relations de voisinage s'établissaient par la *locomotion à pied*, et, à travers les fleuves, au moyen de *barques* en bois creusé. La légèreté de certains bois, qu'on voyait surnager l'eau des rivières, retint bien vite l'attention ; et les récits mentionnent l'emploi de l'*asphalte*, du *bitume* pour calfater, rendre durables et étanches ces embarcations. Ainsi, l'*arche de Noé*, durant le déluge, était un navire en forme de coque et enduit d'asphalte.

Nous sommes donc à une période voisine de trois mille à trois mille cinq cents ans avant Jésus-Christ, et dans la région de l'Euphrate, à la naissance de terres où la civilisation va bientôt jaillir sur plusieurs points, se déverser sur la Mésopotamie et l'Égypte, et de là gagner les côtes heureuses de la Méditerranée. Jusqu'alors le travail humain fut informe, grossier. Pas un objet fabriqué, ni une construction qui l'honorent. Mais des pierres éclatées, ayant çà et là des « retouches », des tranchants qui paraissent « ouvragés », voilà toute l'industrie préhistorique. Des découvertes récentes, faites à *Ipswitch*, en Angleterre (à Norfolk), par Reid Moir, tendraient à faire croire que cette industrie remonte à plus de cent mille ans (1). Et elle résume une activité de violence et de force, partout la même.

41. Période historique. — Combien de siècles de tâtonnements et d'un pénible labeur se sont écoulés avant la période historique? On ne saurait le préciser.

Mais le *fer* ne tarda pas à être connu et à servir en place du silex taillé. On a même découvert, en Babylonie et Mésopotamie, des vestiges de *fours métallurgiques* (2), et les *hiéroglyphes* nomment un alliage de cuivre : le *chomt*. L'Égypte connaissait à merveille *l'art du feu;* Babylone et Ninive étaient réputées pour leurs alliages de bronze.

Le bois et le métal, avec les alliages durs qui allaient permettre de creuser, tailler, ciseler les pierres précieuses, firent naître une industrie, tout d'abord consacrée à la guerre. Car les propriétaires des labours en venaient vite aux mains, dans l'ignorance du droit et l'absence de la justice.

Les armes industrielles furent celles dont Homère décrit la forme et l'effet : lance, épée, javelot, bouclier. Il y eut aussi les *chars* avec lesquels Pharaon poursuivit les bandes hébraïques en l'an 2455.

Or, déjà, l'intelligence humaine qui s'essayait en *astronomie* et en *géométrie* allait s'appliquer au *progrès de la forme* dans les choses de l'industrie. **L'*art des machines*** y trouva son origine. Observant la nature, imitant peut-être les meilleurs ouvrages des animaux (castors, termites, araignées), l'homme sut *filer, bâtir,* unir la force et la grâce dans ses œuvres. Le *sentiment artistique* fut stimulé par le *sentiment esthétique* qui vibre dans les formes harmonieuses, éclate dans les trilles des

(1) Congrès international d'anthropologie, Paris, décembre 1922.
(2) Alfred DITTE, *Revue scientifique*, 1903.

oiseaux et les nuances de leurs plumes, aussi bien que dans les couleurs et parfums des fleurs.

Hommes et femmes s'ornaient pour en imposer par cette puissance de la richesse, tout au moins à leurs *esclaves*.

A cette phase du progrès, l'organisation était, en effet, celle de maîtres à esclaves, ceux-ci pour la peine, les travaux du sol et de la construction, ceux-là pour le *luxe* et la domination. Le travail humain était alors en très grande partie agricole et pour une part militaire : construire et fortifier la cité. Et, nécessairement, ce travail devenait pénible sous l'empire des exigences croissantes des maîtres, et par la totale méconnaissance de l'hygiène. Surmenage, famine, épidémies menaçaient les travailleurs plus cruellement que la guerre et l'invasion. Qu'une sécheresse stérilisât les terres labourées et sur eux s'abattait la disette, sans possibilité de secours.

La *classe des intellectuels* se distinguait des hommes de peine et les guidait, endormant leurs souffrances par des promesses d'un avenir meilleur, ou les enchaînant à la volonté d'une quelconque divinité. Les Hébreux, qui restèrent esclaves des Pharaons quatre siècles durant, eurent en Moïse un de ces guides providentiels qui surgissent de l'excès des persécutions (1).

Toutefois, le peu d'intelligence des gens de la glèbe les rivait à leurs maîtres, surtout qu'il y avait la communauté de vie patriarcale. L'esclavage leur convenait et pouvait se défendre. Je dis même qu'il était nécessaire pour rendre effective une *entr'aide* que l'on n'eût pas comprise autrement, pour intéresser l'employeur, le propriétaire, le *riche* — assez mal vu déjà aux temps les

---

(1) Je ne parle pas que des guides spirituels, mais des autres qui étaient astronomes ou astrologues, physiciens et médecins à la fois ; les *sages-femmes* d'Égypte furent célèbres et recherchées des juives. Les tables astronomiques de *Sargon l'Ancien* (trois mille huit cents ans avant Jésus-Christ) sont mentionnées sur des briques de Ninive.

plus reculés — à la classe non possédante, que répugnaient à relever les conditions sociales, politiques, administratives. Qu'eût-elle fait de sa liberté?

Il est instructif d'interroger l'histoire et *l'ethnographie* sur ce parallélisme entre l'évolution morale de l'homme et celle de ses moyens de travail ; ceux-ci ont déterminé celle-là. Adam fut condamné à gagner, à « la sueur de son front », le pain matériel et le pain spirituel.

42. **Art et travail en Orient.** — Bientôt, le luxe s'accrut dans les splendides contrées de l'Orient méditerranéen, joignant la Chine à l'Égypte par l'Asie Mineure. Il éclate dans les œuvres hiératiques des Pharaons ou les voluptés sémitiques du roi Salomon. Il règne dans les conceptions artistiques fameuses de Tyr et de la Phénicie, puis dans celles de l'Hellénie aux îles nombreuses qui, pareilles à des gemmes, reflétaient par toutes leurs facettes et les multipliaient les géniales traditions de l'Orient, et son matérialisme et son mysticisme. De ce luxe et des progrès de l'intelligence, naîtront des conditions différentes de travail. *L'artiste se distinguera de l'artisan;* la qualité l'emportera sur la quantité. Les spécialistes apparaissent : orfèvres, ébénistes, peintres, brodeurs, lapidaires, rivalisent de talent. On les recherche, on les honore et comble de biens. Sculpture et orfèvrerie de Chine, tissages d'Égypte, métaux précieux fins ou en alliages de Tyr, la cité artiste, dont le roi fait installer des fonderies pour le bronze *asem,* tout près de Jérusalem, gravure et taille de la pierre d'émeraude, de topaze ou de rubis, emplissaient les yeux de curiosité et enchantaient l'imagination.

L'empire de *l'ouvrier d'art* était parfaitement assis dès le vingtième siècle avant l'ère chrétienne ; les corporations de spécialistes étaient socialement privilégiées, et leur travail élevé en dignité au-dessus du travail obscur du cultivateur ou du maçon. D'après le vieux récit biblique, la *tente* où Dieu se manifestait à Moïse s'embellit de l'art magnifique d'*Aoliab*, « spécialiste-maître de la gravure, du dessin, de la broderie sur soies et tissus d'or » (année 2456) (1). C'étaient l'arche sainte et sa couverture, les chérubins, la table d'or, le luminaire, l'autel, les vêtements des prêtres et une dizaine de tapis de 28 coudées de long sur 4 de large, tous brodés et dessinés.

Vers l'an 1020, le *Temple* du sage roi Salomon fut encore plus somptueux, peut-être sous l'influence des « mille jolies femmes » qui garnissaient son harem ; car le luxe, en tout temps et en tout pays, se ressentit de la volupté comme de l'esthétique féminines. Il fallut donc trouver une *main-d'œuvre* convenable à tous égards. Ici la distinction, que nous faisions plus haut, va prendre toute son importance. Les travaux grossiers, les *corvées* de carriers sont confiés à 150 000 manœuvres, adultes et adolescents mêlés, que l'on recrute parmi les populations tolérées en Palestine, quoique d'origine étrangère. Ils extraient la pierre, la taillent et la transportent, enfin l'ajustent et la polissent à la lueur des chandelles. Ils sont surveillés par 3 300 chefs de chantiers, dont *Adoniram* avait la direction (2). Travail à la tâche, très dur assurément, réparti en chantiers où 45 hommes obéissent à un même surveillant.

Mais pour les travaux intelligents, artistiques, il fallut employer des spécialistes, ce qui n'était pas le cas des Israélites. Aussi, ces derniers sont-ils envoyés, au nombre de 30 000, par équipes mensuelles de 10 000, couper les cèdres et cyprès du Liban, les amener à Jérusalem où des architectes et charpentiers, venus de Tyr, exécutent les travaux d'art. Cette main-d'œuvre était bien payée.

---

(1) *Exode*, chap. XXXVIII, v. 23. Car déjà existaient des *tisserands*, et on filait et tissait les fils de lin, d'azur, et les étoffes (*ibid.*, chap. XXXV, v. 28).

(2) *I Rois*, chap. V, 20-32.

43. — On imagine, par les fouilles multiples au pays des *Pharaons*, que ces rois barbares ne se privèrent pas, non plus, de bâtir et d'orner de somptueuses demeures, surtout celles qui devaient leur servir de caveaux et de *sarcophages*. Par exemple, le 5 novembre 1922, des fouilles, entreprises aux frais de lord Carnarvon, découvrirent, à droite du tombeau de *Ramsès VI* (douzième siècle avant Jésus-Christ), une chambre ; elle comprend un lit, des *chariots*, un très beau vase en albâtre, un trône avec le dossier incrusté de pierreries, deux portraits du roi et de la reine, dessinés par des gemmes fort délicatement, et des bijoux. On a même pensé avoir ainsi trouvé la sépulture de *Tut-Ank-Ammon*, chef opulent et fameux.

Seulement, les Pharaons exploitèrent de la façon la plus inhumaine les cultivateurs, ces malheureux *fellahs* que l'on voit encore, en Égypte, peiner sous un dur esclavage. Ils les forcèrent, par centaines de mille, et pendant des générations, à élever des *pyramides* ou dresser des *obélisques*. Enchaînés à cette tâche titanesque, opprimés au point que les juifs esclaves ne cessèrent de gémir et que le jeune Moïse dut assommer un Égyptien et l'enterrer dans le sable (1), les travailleurs érigèrent ces monuments grandioses que les âges n'ont pu effriter.

Au point de vue du travail humain, nous avons là une preuve certaine que l'Égypte pharaonique connaissait les *machines* telles que plan incliné, moufle, cabestan, treuil. Ainsi, *l'obélisque de Louxor*, qui orne la place de la Concorde depuis le 25 octobre 1836, présente une taille de 22 mètres et un poids de 230 000 kilogrammes environ. Les ingénieurs de la marine les plus savants (Lebas et Mimerel) eurent tant de mal à faire transporter et dresser ce monolithe que l'on peut admettre un grand sacrifice d'hommes à l'époque des Pharaons. La moindre erreur de calcul abattait une masse formidable de granit sur

____

(1) *Exode*, chap. II, 12.

ces forçats de la plus vaine architecture, plus vaine à coup sûr que *l'immense muraille* dont la Chine entoura ses cités laborieuses, menacées par les hordes asiatiques du nord et du nord-est.

Rien donc n'est à retenir de ces travaux d'esclavage ; ils s'effacent devant le génie artistique de l'Orient, le labeur réfléchi, nuancé, tout en finesse et en charme, qu'il nous a légué comme un trésor suprême (1).

44. Le travail en Grèce et à Rome. — Le luxe et l'ambition passèrent d'Orient en Grèce, avec leur cortège de fatigues et de violences pour les travailleurs. Pas d'amélioration de leur sort. Aristote déclare l'esclavage une institution légitime, les philosophes s'égarent dans la sophistique et n'ont cure — à l'exception du médecin de Cos, Hippocrate — des problèmes d'hygiène sociale. Telle cité invoquera les dieux pour conjurer la peste ou la famine, non moins innocemment que les peuplades asiatiques du passé.

Archimède ou Apelle, Phidias ou Praxitèle, ne sauraient nous faire illusion sur la vie lamentable des ouvriers et des soldats. Industriellement parlant, la Grèce ne fut ni plus avancée, ni mieux organisée qu'une colonie phénicienne. Elle ne sut développer que *les sports et les jeux* en lesquels se trempa solidement une race fière de ses athlètes et de ses guerriers. La mécanique, malgré Archimède, ne réalisa que de maigres avantages sur celle de l'Égypte et des villes côtières d'Asie Mineure. Les métallurgistes furent, en tout cas, nombreux dans les contrées helléniques.

Rome ne fut guère plus favorisée sous le rapport industriel. Si elle compta des sculpteurs et des fondeurs, elle eut trop de *serfs* et de *plébéiens*. La cruauté et la licence

(1) Consulter les gravures de *l'Art en Orient*, publié sous la direction de William COHN, texte allemand. Il y en a sept volumes déjà publiés (1923) ; seul le premier a été traduit en français.

romaines, jusque dans les jeux et les sports, passent en horreur toute la barbarie primitive. Pas un chef-d'œuvre, pas un monument, qui n'expriment un servage affreux.

Et au seuil même du *christianisme*, à l'heure où la parole généreuse du Christ vient de Palestine retentir au cœur de Rome, les traditions de la barbarie orientale et grecque l'avaient devancée. L'esclavage ne s'atténue pas sensiblement ; l'antique façon de travailler, sans ménagements ni dignité, subsiste, avec des lois draconiennes dans l'application.

Des hommes continuent de peiner, en vraies bêtes de somme ; on eût dit que le ciel les avait maudits à jamais, en les courbant sur la glèbe pour des souffrances silencieuses et sans fin. Cultivateurs d'Asie et de Palestine, d'Égypte ou des colonies méditerranéennes, Grèce, Afrique, Carthage et Rome, ils ont été, séculairement, la main-d'œuvre soumise, livrée aux caprices des maîtres pour fertiliser le sol ou bâtir les monuments, défendre et embellir la cité où, tout de même, ils pouvaient mourir dans un rêve d'espérance.

45. Les outils de travail dans l'antiquité. — En attendant la réalisation de ce rêve, les hommes furent portés, par *l'instinct de défense* contre la fatigue, à perfectionner leurs instruments de travail.

A l'origine des découvertes touchant l'outillage industriel ou agricole, on rencontre souvent une idée d'ouvrier, une observation d'artisan, l'un et l'autre guidés par la *sensation d'économie de l'effort*, et aussi par cet équilibre du jugement et cette force d'attention qui, manquant à la *femme*, ne lui ont jamais permis d'inventer en matière d'art.

Les jeux de *levier* ou de *ressort* ont dû les premiers parler à l'esprit humain, car une branche d'arbre casse plus facilement lorsqu'on appuie sur son extrémité, plutôt qu'à sa naissance ; et elle acquiert une *force d'im-*

pulsion considérable si on l'abandonne après l'avoir simplement fléchie et bandée.

D'où l'usage des *leviers* pour soulever les fardeaux, et de *l'arc* pour lancer les projectiles, appareils connus des peuplades les plus sauvages.

Enfin, l'observation des cailloux et galets roulés par la mer, et tels que le mouvement d'un bloc posé sur eux s'en trouve accéléré, fut l'image qui conduisit à la construction des *roues*, chariots, chars, machines à rotation continue, employés dès l'aube de la civilisation. Les *Védas*, la Bible, l'*Odyssée* mentionnent l'emploi des chariots.

L'outillage mécanique de l'antiquité la plus haute s'inspirait donc du levier et de la roue ; il a persisté, sans notables améliorations, chez les nègres ou les fellahs égyptiens. Ainsi, l'irrigation du sol, dans toute l'Asie et l'Arabie, se faisait au moyen de *roues en bois* dont le mouvement élevait du fond d'un puits plusieurs cruches en argile. Ce puisage, il est vrai, était assuré par l'effort des bœufs, comme on le sait par l'histoire des jardins de Suse, si chers à Darius. La *noria* des Arabes et des Espagnols en dérive, ceux-ci l'ayant prise à ceux-là.

Le *chadouf* d'Égypte utilise, au contraire, le levier ; on appuie à un bout, et de l'autre une corde verticale fait monter un baquet le long du puits.

La *roue du potier*, attribuée par Diogène au Scythe Anacharsis (sixième siècle avant Jésus-Christ), le *tour*, en usage au temps des Pharaons et commandé par un archet et par le doigt du pied, le *rouet à filer* également, ont été conçus en vue de produire, grâce au mouvement rotatoire, plus de vitesse et d'effet utile. La guerre avait fait imaginer un levier spécial, qu'on tournait plusieurs fois autour d'une de ses extrémités fixée à des tendons et poils élastiques. En le lâchant, l'effet de la torsion déterminait une détente formidable qui servait à lancer de grosses pierres. Ces *catapultes et balistes* passèrent d'Orient en Grèce, puis à Rome.

Sur les bases de cette mécanique grossière s'est vite constituée une industrie variée pour filer, tisser, sculpter la pierre ou le métal, tourner des pièces délicates, précieuses, ouvrager des armes de valeur. L'art du joailler, de l'orfèvre, de l'ébéniste, du fondeur, eut bientôt ses recettes, ses trouvailles dont quelques-unes nous seraient, même aujourd'hui, d'un prix inestimable.

46. **Du christianisme à la Renaissance.** — Le progrès des mœurs, dans les débuts du christianisme, ne fut guère appréciable ; il modifia insensiblement les procédés d'emploi de la main-d'œuvre et ceux de l'hygiène publique. L'art et la science restent enfermés jalousement dans le cercle étroit d'une élite, en général celle des prêtres, des moines. Toujours à peu près esclaves, les travailleurs ne quittaient ni leurs terres ni leurs routines. Sans le moindre scrupule, les seigneurs disposaient d'eux, prenaient les fruits de leur travail, quand ils ne les cédaient pas contre argent. Ils se les transmettaient d'un propriétaire à un autre. Leurs demeures étaient de simples huttes, déclare Vitruve (90 avant Jésus-Christ). Le moyen âge, qui ne fut nullement une nuit dans le cours de la pensée humaine, qui vit éclore, au contraire, les œuvres arabes, juives, latines du sud de la France, de l'Espagne, de l'Italie, ces berceaux de la civilisation occidentale, le moyen âge fut ingrat pour le travail des hommes de peine. Il les laissa serfs, misérables, incultes. Il ne sut honorer que l'esprit, l'artiste, le savant.

Mais, par *charité*, sous l'influence de la doctrine du Christ, libérale en Italie, sombre et cruelle en Espagne et en France, des hôpitaux, des consultations s'ouvrirent pour les malheureux.

Le monde entier, jusqu'à la fin du quinzième siècle, est secoué par le fracas des batailles, des croisades, des massacres civils. L'art métallurgique se consacre plus activement à la fabrication des armes, des cloches ; il forge et il ouvrage ; on apprend de mieux en mieux à se servir du marteau pour *laminer* le métal ; on copie les pièces d'armures rapportées d'Orient, et on fond des bronzes d'une sonorité qu'aucune cloche ne donne plus actuellement. Les serruriers accusent une rare habileté, si bien que l'un d'eux fabriquera plus tard, sur les conseils d'*Ambroise Paré* (1517-1590), les premiers *appareils d'orthopédie* (1). Inconnue partout ailleurs, l'orthopédie se constituait en France au profit des blessés de la campagne lamentable de François Ier.

Les Arabes avaient apporté à l'Europe des préoccupations martiales, mais aussi la réplique du génie d'Aristote et les architectures splendides dont l'Espagne conserve d'impérissables souvenirs.

Occidentaux et Orientaux s'accordent à favoriser l'ouvrier d'élite, l'artisan capable de reproduire de ses mains les conceptions des géomètres alors en vogue. L'algèbre et la géométrie s'érigent en sciences exactes et autonomes, ayant des applications artistiques. Elles s'expriment dans les formes divines des cathédrales, gravent leurs lois cristallines dans les vitraux multicolores et guident les lignes pures du fondeur qui orne le portail.

Le travail humain a, je le crains, accumulé au seuil de la Renaissance des richesses plus variées que l'antiquité gréco-latine.

47. La Renaissance. Les quinzième et seizième siècles. — Elles vont s'épanouir au quinzième siècle, époque heureuse des peintres de génie et de ces deux inventions magnifiques : la *gravure* et l'*imprimerie*. L'art de l'*écriture* est très ancien, comme celui de la gravure :

(1) Au onzième siècle, dans les Basses-Pyrénées, on fabriquait des *pilons* copiés sur les modèles sarrasins (Jules AMAR, *Revue de chirurgie*, numéro de janvier 1920, p. 52).

images, sons, idées se traduisaient par des signes que les races sémitiques tracent de droite à gauche, les Aryens de gauche à droite, les Mongols de haut en bas. *L'orientation* semble avoir obéi à la loi de l'économie de l'effort pour dessiner sur os, pierre ou brique. L'imprimerie vint ensuite et *Gutenberg* (1397-1468) ne fit qu'en perfectionner le rendement mécanique par la création des *lettres mobiles*. Le *livre* imprimé en grand nombre sort de ce perfectionnement industriel. Ouvriers typographes et relieurs ont là une spécialité dont les productions, surtout au dix-septième siècle, alliant l'élégance de l'écriture à la splendeur de la gravure, atteindront un luxe inouï.

Les églises continuent d'occuper une importante main-d'œuvre, à la fonte, à la charpente, au travail des vitraux. Les fondeurs de cloches sont habiles ; ils sont même malins, à preuve cette prétention qu'il leur fallait un peu *d'argent* pour rendre le bronze plus sonore ; sur quoi les familles pieuses offraient des bijoux ; mais une petite partie entrait dans l'alliage (cas des cloches de Rouen), tout le reste allait aux ouvriers. Cette pieuse fraude rappelle la fameuse histoire d'Archimède et du roi Hiéron de Syracuse, le premier découvrant que la couronne d'or du second contenait un autre métal, en se basant sur la densité. D'où cette réflexion de Voltaire « qu'il y a eu des fripons avant qu'il y ait eu des mathématiques ».

La profusion d'artistes des quinzième et seizième siècles, tous encouragés par les monarques et les papes, rayonnèrent sur la foule des artisans auxquels, à l'exemple de Léonard de Vinci, ils donnèrent des leçons de savoir et de beauté. Le sort des travailleurs se rapproche lentement de l'état-qui convient à l'homme de métier, fier de son art et jaloux de son indépendance.

C'est l'ère des ouvriers en chambre, des *corporations*, nanties de prérogatives qui leur permettent de défendre leurs avantages, de protéger leur secret, d'instruire les apprentis. Quelle différence entre la serrure ouvragée par l'un des artistes de la Renaissance et celle que nos machines-outils produisent en série ! Ici un *numéro* de la série, une chose automatique, là un chef-d'œuvre qui épuise l'admiration, qui est imprégnée de l'âme de ces ouvriers superbes dont le labeur fiévreux a dessiné des formes géométriques et fait saillir des ornements qui flattent le regard.

Je voudrais que nos artisans modernes fissent le pèlerinage des musées d'arts et métiers, pour interroger ces témoins d'une technique incomparable, et qui brave le temps, parce que ses créateurs ne voulurent jamais compter avec lui.

48. Les dix-septième et dix-huitième siècles. — La science mécanique se constitue vraiment au dix-septième siècle, avec les applications à l'*art des machines* et à l'*outillage de précision*. On peut déjà parler de précision à l'endroit des manifestations diverses de l'activité humaine. La *pensée*, un peu vagabonde chez Montaigne, aura des contours réguliers et un cours limpide chez les écrivains qui vont suivre, du moins les plus grands. La *science*, toute chargée d'une vaine ornementation et de métaphysique, se revêt du costume sévère des mathématiques. Descartes et la *méthode cartésienne* inaugurent le gouvernement de la *raison*. L'instrument exact impose sa loi au cerveau et aux muscles ; l'ingénieur s'évertue à perfectionner les machines pour économiser les forces de l'homme, pendant que les médecins essayent de comprendre la fatigue, que Boerhave (1668-1734) et surtout l'admirable Italien *Ramazzini* (1633-1714) étudient les maladies des artisans. Ce dernier savant, dont l'ouvrage remarquable fut traduit en plusieurs langues (1), ouvre la période d'hygiène sociale

(1) Bernardino RAMAZZINI, *De morbis artificum diatriba*, Modène, 1701.

où se distingueront les encyclopédistes du dix-huitième siècle et déjà quelques physiciens du dix-septième.

« La science des machines fut l'œuvre de Galilée (1564-1642). Cet observateur de génie réussit à établir les principes des machines simples (levier, plan incliné, etc.), et ceux de la résistance des matériaux ; il en fit, par curiosité, l'application aux êtres animés. Frappé, notamment, du phénomène de la *fatigue*, il crut en trouver l'explication dans ce fait que les corps ont tendance à se mouvoir vers le bas et non vers le haut. Une ascension d'escalier est donc contraire aux lois naturelles et entraîne la fatigue...

« A la fin du dix-septième siècle, d'illustres physiciens et géomètres, Sauveur, Philippe de La Hire (1699), Amontons (1703), Vauban, développèrent des considérations sur la mécanique humaine. De La Hire montra, expérimentalement, que *le poids de l'ouvrier est une condition de sa force physique* et intervient utilement pour lui permettre de déplacer de lourds fardeaux, par exemple au moyen d'une poulie. Ces fardeaux auraient pour limite supérieure environ 65 kilogrammes...

« Quant à Vauban (1633-1707), il formula de véritables *règles* pour organiser le travail, éviter les incapables et les paresseux, en recommandant de ne jamais prendre l'ouvrier que *payé à la tâche*, mais bien payé et bien nourri...

« Le dix-huitième siècle, grâce surtout aux études d'hydraulique, s'occupe du travail fourni par l'activité musculaire. Ce fut l'époque des Bernoulli, des Bouguer, des Deparcieux, des Euler, des Schultze. En 1785, le grand physicien français Coulomb (1736-1806) communiqua à l'Institut ses admirables recherches sur « la force des hommes » ; elles ne furent publiées dans les *Mémoires de l'Institut* que les premiers jours de ventôse an VII (1799). Il s'était proposé d'évaluer le travail dans différentes professions, choisies parmi les plus pénibles et telles que l'homme y atteigne un degré de fatigue qu'il serait dangereux de dépasser (1)... »

49. — Parmi les entreprises du dix-septième siècle où le machinisme se montre avec quelque lustre, nous citerons la célèbre *pompe de Marly*, construite et installée entre 1675 et 1682. Elle élevait, par l'emploi de *quatorze* roues hydrauliques (chiffre à l'image du grand roi), l'eau de la Seine jusqu'à une hauteur de 155 mètres, alimentant le château et le parc de Marly, puis Versailles.

Bien que remplacée depuis par un système de pompes plus pratiques, la pompe de Marly réalisait un progrès sérieux dans la mécanique industrielle.

Mais un progrès plus réel, aidant et perfectionnant le travail professionnel, fut la découverte du *métier à tisser*, par Joseph-Marie Jacquard (1752-1834), à Lyon même où les femmes se servaient du « rouet de Lyon ». La force humaine se multiplie et se nuance ; l'usine s'agrandit, les travailleurs sont, en grand nombre, attelés aux mêmes tâches.

Ainsi naissait, pour l'industriel, la préoccupation de rendre l'atelier plus sain, d'abriter l'ouvrier des *accidents du travail*. Par exemple, dans les ateliers normands d'épingliers, un châssis de verre garantit les yeux de la limaille (fig. 12).

Dès 1750, l'industrie avait pris un certain essor, que la *machine à vapeur* allait porter à un niveau insoupçonné. L'art des dix-septième et dix-huitième siècles fut digne de leur science, de leur littérature et de leur industrie. Le travail humain brillait en France d'un éclat particulier et la Russie de Pierre le Grand eut recours à Leblond, à Pineau, peintre et décorateur, comme elle

_____

(1) *Le Moteur humain*, p. 560 et suiv. On y expose les recherches de Coulomb en les discutant. Le lecteur y trouvera aussi les références bibliographiques.

attirera quarante ans plus tard Diderot et Voltaire (1).

Le *luxe du vêtement* est d'une incroyable splendeur : les toilettes du moyen âge étaient brodées d'or ; la soie, parfaitement tissée, y ajoutera sa richesse, ses nuances si fines (2).

Les temps modernes sont commencés.

FIG. 12. — Atelier normand d'épingliers (dix-huitième siècle). On y voit les ouvriers devant un châssis de verre qui garantit les yeux de la limaille.

50. Les dix-neuvième et vingtième siècles. — C'est à la machine à vapeur qu'il faut rapporter l'origine des transformations si rapides et si nombreuses du travail humain. Elle est, effectivement, l'œuvre de *James Watt* (1736-1819), malgré le génie de son précurseur Denis Papin (1647-1714), l'un de ces protestants intelligents et actifs que l'imbécile révocation de l'Édit de

(1) On lira, non sans curiosité, l'ouvrage de Louis RÉAU, *l'Art russe*, en deux volumes (1921-1922).

(2) P.-L. GIAFFERI, *Histoire du costume féminin de 1035 à 1870*, Paris, 1921.

Nantes jeta, vers 1685, dans les rangs des peuples de l'Est, au détriment de la prospérité française.

Watt résolut le système mécanique du *double effet,* en faisant agir la vapeur alternativement au-dessus, puis au-dessous du piston. La tête de la tige du piston est reliée à un *parallélogramme articulé* qui réalise le mouvement nécessaire. La machine devint ainsi propre à exécuter régulièrement le travail qu'on veut, c'est-à-dire à servir efficacement l'intelligence de l'homme. Plus haut (§ 26), nous avons noté la profonde transformation qui lui est due dans tous les domaines : elle modifia les conditions de travail en donnant à la quantité le pas sur la qualité, elle permit l'invasion, par les *machines-outils,* de toutes les spécialités où l'homme était roi, elle développa l'usine et les concentrations ouvrières, avec toutes leurs conséquences économiques, hygiéniques, sociales.

Mais le dix-neuvième siècle, reprenant les vues de Lavoisier, approfondit le problème du travail humain et le soumit au contrôle de la méthode expérimentale. Les recherches de Chauveau, en particulier, ont marqué une étape glorieuse de l'organisation physiologique de ce travail.

51. Système de Taylor et système physiologique. — « Il faut citer à part *Frédéric Taylor* (1) et ses disciples : Gantt, Frank Gilbreth, B. S. Thompson, pour l'étude du travail professionnel à l'atelier même et à l'usine. Leur méthode repose essentiellement sur le *chronométrage des mouvements,* afin de connaître la vitesse *optimum,* et sur une sélection judicieuse des mouvements utiles, nécessaires au travail, qui entraîne la suppression de tous ceux qui paraissent inutiles. La durée des mouvements utiles, déterminée sur un ouvrier d'élite, permet

____

(1) Frédéric Winslow TAYLOR, *Principes d'organisation scientifique des usines,* trad. Jean Royer. Dunod, 1912.

d'évaluer le rendement idéal de l'usine... Le savant américain avait l'instinct puissant de la vie des usines et des ateliers ; il s'était formé à l'école des ouvriers, et connaissait leur *lenteur systématique,* comme leurs qualités. Il s'efforça donc de remédier à l'une et de faire valoir les autres. Pour introduire le système du *travail rapide,* il analysa tous les éléments du travail, par exemple dans la « manutention des gueuses de fonte »... Ces éléments sont chronométrés sur de très bons ouvriers, des *étalons.* Et comme ces conditions de travail maximum lui ont appris qu'un ouvrier sur cinq à peine pouvait les réaliser, il établit le principe de la *sélection* des travailleurs. Les principes de Taylor sont précisément le *chronométrage* et la *sélection.*

« Mais ce serait une erreur de n'y voir que cela, ainsi qu'on l'a fait souvent. Au contraire, Taylor insiste sur la partie *psychologique* et *administrative* de sa méthode ; il s'est efforcé d'organiser les services de bureaux en même temps que les ateliers (1)... »

Ces courtes explications font apparaître le fort et le faible du *taylorisme.* Il est, en somme, un plan d'agencement et de perfectionnement de *l'outillage* mécanique en vue d'augmenter la production ; il sélectionne, dans le même but, les hommes et les femmes, et analyse leurs mouvements qu'il adapte à la marche la plus rapide des machines. Le rôle de la direction consiste à faire cette analyse et cette adaptation, en tenant compte de l'état physique et moral du personnel.

Le progrès sera donc, pour Taylor, un effet direct de l'invention de machines-outils plus parfaites et d'ouvriers plus spécialisés. Conception très étroite qui fut

---

(1) F. W. Taylor est né en 1856 à Germann Town Pa et mort à Philadelphie le 21 mars 1915. Il avait été tour à tour ouvrier, chef d'équipe, ingénieur, puis directeur à la *Bethlehem,* usines de Midwale. Il fut critiqué, souvent à tort, par les économistes, et avec quelque raison par les syndicats ouvriers, qui lui reprochaient de méconnaître les lois de la fatigue et d'avoir « organisé le surmenage ».

celle de l'ingénieur français Prony (1755-1839), et peu après de l'économiste anglais Babbage, inspirateur, j'imagine, des idées tayloriennes.

52. — A l'époque où nous commencions nos études sur le travail humain, le nom de Taylor nous était totalement inconnu. C'était en 1905 ; notre *Rendement de la machine humaine* parut en 1909 (il est aujourd'hui épuisé, et fondu dans *le Moteur humain*), tandis que le petit ouvrage, déjà cité, où le savant américain résumait sa doctrine, fut publié en 1912.

Cela dit pourquoi le taylorisme nous a plu, et quelle raison nous avions de le soutenir. Au sujet du transport des fardeaux, nos multiples expériences nous avaient permis de conclure, en 1909, *exactement comme Taylor* trois ans plus tard : le rendement maximum trouvé était le même : 25 *kilomètres par jour*, avec une charge *de* 53 *kilogrammes* en moyenne, et une vitesse horaire de 4 *kilom*. 200 environ.

Toutefois, nos doctrines diffèrent sur un point fondamental qui n'a pas échappé au monde des travailleurs. Pour nous, le travail humain a un double aspect : *aspect mécanique*, celui des outils, qu'il faut choisir et employer dans les meilleures conditions ; c'est l'affaire de l'ingénieur. *Aspect physiologique*, celui des facteurs nerveux, musculaires, sensoriels, toutes les lois de la fatigue, et cet ensemble harmonique de travail et de repos, de rythme des mouvements, de ménagements pour les femmes et les enfants..., grâce auxquels chacun donne réellement un maximum de travail sans surmenage. Dès le début de nos recherches, nous aperçûmes dans l'être humain cette machine infiniment précieuse où le bras et le cerveau sont les *outils*, que l'on peut dresser, éduquer, mais derrière ces outils le *moteur* qui les complète, les actionne, les meut *périodiquement*. Ce moteur veut qu'on l'alimente convenablement, le décrasse, le repose à cet effet et règle, en un mot, son effort et sa vitesse.

L'erreur des tayloriens fut d'avoir méconnu et négligé d'étudier objectivement la *fatigue*. C'est une plaisanterie de se guider sur « ce que peut faire un homme robuste payé à la tâche » ; car l'intérêt lui fera aisément franchir les limites de la fatigue, et sa *condition* ne saurait être celle de tout le monde.

Le *système physiologique* (1) pénètre mieux au fond du problème qui, depuis l'éveil de la conscience humaine, hante les travailleurs : le problème de la fatigue. Il n'y a point de travail organisé là où une place, si petite soit-elle, est laissée au surmenage.

(1) A l'étranger, on dit de préférence : le *Système Amarien* (États-Unis, Italie, Belgique, Luxembourg).

CONCLUSIONS GÉNÉRALES

53. La force fut à l'origine de l'ordre dans les sociétés humaines ; elle leur imposa le respect, la crainte, le droit ; elle les asservit au travail, pour vivre, posséder et défendre la cité.

Pareilles à une masse informe et inerte, les peuplades de jadis n'étaient aptes qu'à l'action brutale ou grossière, à la lutte contre une terre ingrate, semée d'embûches, assaillie d'ennemis.

Tâche monotone et pénible, souvent dégradante. Mais bien vite des différences s'établissent entre groupements d'aptitudes inégales, la force devient adresse, ruse, habileté. L'intelligence naît de l'application à combiner, calculer, réussir ; elle progresse. Et voici, à l'aurore des temps historiques, le travail humain qui se complique et diversifie, développant une floraison artistique, intellectuelle, athlétique, professionnelle.

Son *organisation*, toutefois, se traîne parmi les ronces de la routine ouvrière, de l'ignorance des chefs, de l'indifférence des maîtres. Quelle dérision ! Malgré les avertissements, les rois ne comprennent pas que *le travail est la vraie richesse*, et qu'il y a un intérêt matériel, en plus du devoir moral, à lui assurer la paix et la liberté. Vauban est disgracié !

Or, il est impossible d'arrêter la marche des idées, d'éteindre le zèle de ceux qui entendent travailler mieux et plus dignement. La science, ayant ouvert tous les yeux, il a fallu prêter attention à la réforme de notre activité.

5

Quelque chose, enfin, de l'esprit mathématique pénètre dans le temple désolé de la *médecine sociale*, dont les oracles demeuraient incompris, apparemment faute de lumière.

Au dix-huitième siècle, Maupertuis, ce philosophe profond qui faisait l'objet des quolibets de Voltaire, malheureusement pour celui-ci, et Lagrange et Gauss, au dix neuvième siècle, formulent le principe de *l'économie mécanique* dans la nature, ce que, plus haut, j'ai nommé *loi du minimum*.

Ce principe va inspirer, souvent à son insu, la physiologie générale, à l'heure où, sous l'influence de *Sadi Carnot*, fils de Lazare Carnot qui « organisa la victoire », la science de *l'énergie* se constitue en doctrine universelle et s'étend aux êtres animés comme aux êtres inanimés (1).

54. **Économiser l'énergie humaine**, autant dire l'employer rationnellement à des fins utiles, est désormais l'idée maîtresse de l'organisation du travail. Discipliner la force et l'entretenir, lui fournir l'outil et l'aliment, tout est là. On a vu sur quelles bases rigoureuses notre *système physiologique* entreprend cette organisation, concurremment avec le taylorisme, et en approuvant ses conclusions industrielles. Chacun à la place que lui assignent ses capacités, toutes ses capacités, telle est la *règle invariable*. Elle seule est humaine ; par elle seule toutes les forces sont utilisées à bon escient, impartialement, au profit de la collectivité. En elle réside cette vertu essentielle qui fait de *l'hygiène sociale* une arme contre le surmenage, un préservatif à l'égard des périls industriels, une sauvegarde pour la femme, la mère, l'enfant.

(1) Sadi Carnot est le plus grand génie du dix-neuvième siècle ; tous les savants l'ont proclamé. Et ce Français qui, à l'âge de vingt-quatre ans, révolutionna la science, ne figure pas sur nos dictionnaires d'écoles !

Il faut se familiariser avec toutes les exigences de cette méthode : inspecteurs et inspectrices du travail, ingénieurs, médecins, sont en mesure de l'apprendre et de la pratiquer.

Organiser le travail à son image, c'est l'élever à coup sûr vers l'idéal rêvé par les riches et les pauvres : *un maximum de bien-être sans efforts désespérés*. Le penseur ou l'athlète, l'ouvrier ou le paysan, se dépenseront sans gaspillage pour des résultats magnifiques. La race s'ennoblit, s'embellit, domine le nombre par la qualité ; la famille est plus heureuse de voir l'enfant *s'orienter* fermement dans le carrefour des carrières et des métiers, le père gagner davantage et disposer de plus d'heures au milieu des siens, l'indigence aidée, protégée, admise à des occupations sociales.

Quelle religion ou quelle politique écarteraient de ce but posé, de toute éternité, comme un phare pour guider et éclairer les hommes?

FIN

TABLE DES MATIÈRES

CHAPITRE III

LES APPLICATIONS

CHAPITRE IV

ÉVOLUTION DU TRAVAIL

PARIS. — TYP. PLON-NOURRIT ET Cie, 8, RUE GARANCIÈRE. — 29157.